I0104577

DOCUMENTS D'ÉTUDES SOCIALES

SUR L'ANARCHIE

DOCUMENTS D'ÉTUDES SOCIALES

SUR

L'ANARCHIE

LES MYSTIQUES DE L'ANARCHIE

LES HOMMES ET LES THÉORIES DE L'ANARCHIE

LE CRIME ANARCHISTE

Par Alexandre BÉRARD

Député de l'Ain

L'ANARCHIE ET SES HÉROS

Par C. LOMBROSO

L'ANARCHISME & LE COMBAT CONTRE L'ANARCHISME

Par VAN HAMEL

BIBLIOTHÈQUE NATIONALE
R. F.
IMPRIMÉS

LYON

A.-H. STORCK, IMPRIMEUR-ÉDITEUR

78, Rue de l'Hôtel-de-Ville

1897

LES MYSTIQUES DE L'ANARCHIE

LES MYSTIQUES
DE L'ANARCHIE

Il y a treize ans, l'anarchie s'était révélée à Lyon par l'épouvantable attentat du Théâtre-Bellecour, par l'explosion du bureau de recrutement, suivi d'un procès, qui amena une cinquantaine de présences sur les bancs de la police correctionnelle. Cyvoct condamné par la cour d'assises du Rhône, l'anarchie sommeilla plus de onze ans quand tout à coup, elle éclata bruyamment de nouveau dans l'enceinte du Palais-Bourbon avec la bombe de Vaillant.

L'anarchie n'est point une bande de malfaiteurs organisée : c'est l'état d'âme moderne de tous ceux qui, dotés d'un esprit mal équilibré, guidés par l'envie, n'ont au cœur que la haine jalouse d'une société, dans laquelle leur orgueil croit ne pas avoir la place qu'ils méritent.

Toutes les crises politiques et sociales ont pour résultat immédiat et direct de développer la folie dans les cerveaux déséquilibrés et l'esprit d'imitation est tellement inné dans l'homme que chaque genre de crimes trouve immédiatement de nombreux adeptes. L'anarchie et les crimes anarchistes ne pouvaient manquer à une loi commune (1).

Du moment que Vaillant avait jeté une bombe dans l'enceinte du Palais-Bourbon, il était certain qu'il aurait des imitateurs, de même que, il y a quinze ans, quand Billoir eut découpé une femme en morceaux, la justice

(1) Il faut rendre à chacun ce qui lui est dû : or, il est bien certain que si l'anarchie a pris le développement qu'elle a pris, on le doit à une certaine presse boulevardière, aux névrosés et aux sceptiques de la capitale, qui ont vu dans la nouvelle école une nouveauté curieuse et dans ses théories des piments pour leurs sens blasés. Ce n'est point, en effet, parmi les miséreux que l'anarchie a fait le plus d'adeptes, mais bien parmi les déclassés qui errent, sans métier déterminé ; ce n'est point parmi les travailleurs en blouse qu'elle a recruté ses soldats, mais parmi les ratés aux redingotes rapées ; Emile Henry, Vaillant étaient de cette catégorie. Que voulez-vous ? des publicistes comme M. Laurent Tailhade célébraient la *beauté* du *geste* et des duchesses étaient pleines de sympathie pour les *compagnons* de la dynamite ?

eut successivement à sévir contre une série de crimes analogues. Après Vaillant, c'est Emile Henry qui a lancé ses engins meurtriers contre d'inoffensifs consommateurs dans la salle du café Terminus à Paris; c'est un malfaiteur inconnu, qui, en de savantes et monstrueuses combinaisons, la même nuit, a disposé, dans deux coins différents de la capitale, rue Saint-Jacques et rue Saint-Martin, des boîtes chargées à mitrailles destinées à frapper le commissaire de police et les agents qui viendraient constater le prétendu suicide d'un nommé Rebaudy et qui n'ont causé la mort que d'une pauvre logeuse. Après Vaillant, après Emile Henry, après le faux Rebaudy, c'est Pauwels, qui place une bombe dans le parvis de l'église de la Madeleine et qui, victime de son propre forfait, tombe horriblement mutilé par son engin meurtrier, c'est Caserio et l'attentat de Lyon.

Et, durant l'année 1884, l'imitation a gagné la province, où des bombes plus ou moins sérieuses, reconnues pour aussi inoffensives que bruyantes, ont été déposées par des criminels inconnus, à Lyon, où l'une faisait explosion et l'autre était découverte dans la même soirée du 24 février 1894, dans des maisons borgnes ou misérables, dans lesquelles les anarchistes ne paraissaient avoir absolument rien à faire ; à Clermont-Ferrand, où le 26 février une bombe a été placée sur la fenêtre du bureau de police de la préfecture ; à Villefranche-de-Rouergue où, à la même époque, un engin chargé de dynamite faisait sauter la guérite du gardien de nuit d'une mine ; à Béthune, où on trouvait une bombe qui, si elle eût éclaté, eût causé de sérieux dégâts ; à Vienne, le 9 mars, à Dijon, le 14 mars, à Bourges, le 18 mars, des engins plus ou moins sérieux étaient également trouvés sur la voie publique ; à Bourgoin, le 21 mars, dans une église une bombe éclatait. Même à l'étranger, en Hongrie, à Turin, à Rome, — où devant le palais législatif de Montecitorio, le 8 mars, une bombe formidable vint frapper de trop nombreuses victimes ; à Lucques, au théâtre, le 20 mars, et ailleurs, les bandits de l'anarchie ont eu des imitateurs.

Puis se multiplièrent les plaisanteries de mauvais goût, sur lesquelles il est plus qu'inutile d'insister : le 20 février 1894, par exemple, où à Béziers deux jeunes apprentis ferblantiers déposèrent contre une maison un engin en forme de bombe pour en effrayer les habitants.

Enfin surgirent les fous que le bruit des exploits de Vaillant et d'Emile Henry détermina à fabriquer des bombes ou prétendues bombes, comme à d'autres époques l'éclat de certains crimes porta leurs pareils à s'accuser de ces crimes, comme en 1870 et 1871 les affres douloureuses de l'année terrible excitèrent leurs semblables à se déclarer les inventeurs, pour détruire les ennemis allemands, de machines, qui n'étaient infernales que dans leur esprit. Un jour, le 26 février 1894, dans la rue Saint-Denis, à Paris, c'était un original qui, ayant la manie dangereuse de collectionner des cartouches et des boîtes de fulminate, faisait faire explosion à une blague à tabac transformée en bombe ; un autre jour, c'était un fou qui, rue Oberkampf, déposait contre une mai-

son, comme pour la faire sauter, un engin sus-
pect, qui n'était autre qu'une boîte contenant
simplement un mouvement d'horlogerie ! (1)

(1) Nous signalerons encore la bombe qui, à Liège (Belgi-
que), le 3 mai 1894, a causé d'importants dégâts, celle
placée, à la même époque, contre une maison de l'avenue
Kléber à Paris, les cartouches qui, à la même époque, firent
explosion à Béthune (Pas-de-Calais), une autre bombe au
Dorat (Haute-Vienne).

Et parmi les plaisanteries ou les fantaisies aux consé-
quences plus ou moins sérieuses, nous rappellerons une
bombe placée, au printemps de 1894, boulevard Ney à Paris,
une placée dans le jardin du juge de paix d'Argenteuil.

La contagion fut telle au printemps de 1894 que l'on vit des
enfants jouer malheureusement à l'explosion ; au Mas Rillet
(Ain) par exemple, où des gamins jouaient ainsi avec de la
poudre prise je ne sais où, l'un d'eux eu la main emportée.

La contagion fut telle que la dynamite devint même un
nouvel engin de suicide : c'est ainsi qu'en juin, à Vaulx
(Rhône), un malheureux terrassier se suicidait en plaçant sur
son ventre une cartouche de dynamite et en la faisant partir.

Et les escrocs qui usèrent de ce procédé, tels que ce nommé
Delchogme qui cherchait le 5 mai 1894, à Aniche (Nord), à
incendier avec des bombes la maison de son voisin et la
sienne pour se faire payer une prime d'assurance et qui fut
condamné pour cela par la Cour d'assises du Nord !

Et les gens trop zélés ou affolés qui ont vu partout des
complots ayant pour but de lancer des bombes, complots
imaginaires dont la prétendue découverte n'avait d'autre
résultat que d'effrayer l'opinion publique, tel le fantaisiste
complot de Marseille au mois de septembre. Et toutes les
dénonciations calomniatrices faites contre de très braves
gens à la suite du vote de la loi de juillet 1894 sur les
menées anarchistes.

La dynamite, en 1894, a joué le grand rôle autant dans
l'ordre social que dans l'ordre criminel, autant dans la
fantaisie que dans la réalité.

Ce n'est point seulement par cette école d'imitation, laquelle est propre à tous les genres de crimes, que les anarchistes dynamitisants se rapprochent de tous les criminels de droit commun ; ils s'en rapprochent par leur nature tout entière : les caractères des criminels ordinaires, de tous les criminels, ils les ont tous et tous au suprême degré.

De même que, pour les anarchistes, tout crime de droit commun, tout attentat d'un *prolétaire* sur la personne ou sur les biens d'un *bourgeois* est un acte méritant et saint de l'anarchie, tous les anarchistes opérant peuvent être assimilés purement et simplement aux voleurs et aux assassins ordinaires (1). Entre eux nulle différence.

En février 1883, M. le procureur général

---

(1) Devant l'éclat des crimes anarchistes, devant le tapage qu'ils faisaient, tous les criminels de droit commun, tous ceux qui, parmi eux, étaient des malfaiteurs d'habitude, comprenant que l'épouvantable doctrine était une sorte de justification théorique de leurs forfaits, tous peu à peu ils se sont naturellement déclarés anarchistes.

Il était tout naturel que l'anarchie recrutât de pareils adeptes, l'anarchie n'étant qu'un manteau fait pour couvrir les haillons de tous les crimes de droit commun.

Fabreguettes, requérant, devant la Cour d'appel de Lyon, contre une trentaine d'anarchistes poursuivis pour infraction à la loi sur les associations, s'écriait : « L'anarchie, c'est le vol ; vous êtes une association de malfaiteurs. »

Il aurait pu ajouter : « L'anarchie, c'est l'assassinat. »

Sans parler de la plupart des héros de la secte, les Ravachol, les Vaillant par exemple, qui, avant de commettre l'attentat anarchiste proprement dit, avaient été condamnés pour d'autres délits de droit commun n'ayant aucun caractère ni social, ni politique ; sans parler d'Ortiz, le complice présumé d'Emile Henry dans le crime de la rue des Bons-Enfants, arrêté avec d'autres anarchistes comme cambrioleur, tous n'étant recherchés par la police que pour vols qualifiés, les uns et les autres — tous sans exception — ils présentent les caractères communs et distinctifs des gens que les magistrats ont l'habitude de poursuivre pour protéger les biens, la vie, la sécurité des citoyens.

Le premier trait qui se retrouve toujours,

sans exception, chez tous les criminels de droit commun, c'est l'orgueil. Dans les préaux de la Nouvelle-Calédonie, ceux qui ont pu étudier forçats et détenus sont unanimes pour déclarer que règnent souverainement dans leur esprit une forfanterie sans bornes, une puérile et immense vantardise, un amour fou de la gloriole. Cette vanité les suit même — pour ceux que n'abrutit pas la terreur de la guillotine — jusqu'au moment suprême : ils posent jusqu'à l'instant où le bourreau les couche sur la planche fatale.

Cyvoct, Ravachol, Vaillant, Emile Henry en ont été la preuve vivante. Ravachol se croyait un régénérateur de la société et il posait encore sur la place de Montbrison sous la main du bourreau ; Vaillant avait eu soin de se faire photographier la veille du jour où il devait commettre son attentat au Palais-Bourbon afin de conserver ses traits précieux à la postérité, et, une fois arrêté, sa principale préoccupation était de savoir quel retentissement avait eu son crime : rendre son nom célèbre par un acte

éclatant, tel avait été son seul, son unique
mobile. Ainsi que je l'ai écrit ailleurs (1),
Vaillant, en jetant sa bombe dans l'hémicycle
du Palais-Bourbon, n'a fait qu'imiter, à vingt-
six siècles d'intervalle, Erostrate incendiant le
temple de Diane à Ephèse ; seulement, la
science ayant marché, alors qu'Erostrate ne
pouvait se servir que de la torche primitive,
Vaillant pouvait faire usage de la poudre verte.
Vaillant avait voulu surpasser Ravachol, Emile
Henry a voulu surpasser Vaillant : il a pris soin
de le déclarer, disant qu'il avait voulu commettre un crime plus terrifiant et ajoutant : « Vaillant
n'est qu'un enfant ; s'il eût voulu faire les choses
sérieusement, il aurait dû mettre dans son engin
des balles et non des clous inoffensifs. » La
presse anglaise, qui, grâce à l'hospitalité quelque peu... critiquable de la Grande-Bretagne, a
pu étudier les anarchistes à visage découvert,
sans que les hôtes de la trop hospitalière cité de
Londres prissent le moindre soin de se cacher,

(1) Voir *Revue des Revues*, n° du 15 février 1894, p. 276
et suiv., *le Crime anarchiste*.

a fait la même remarque. Au lendemain de l'explosion de Greenwich, on pouvait lire dans le *Daily Telegraph :*

Tout semble indiquer que Bourdin méditait un exploit qui l'eût rendu plus illustre que Ravachol, Vaillant et Henry ; autrement comment expliquer la conduite d'un artisan qui pouvait vivre heureux, dans sa sphère, du produit de son travail ?

La vanité et le désir de notoriété, voilà ce qui pousse les anarchistes.

Contrairement aux nihilistes, qui obéissent à des ordres supérieurs, les anarchistes ne se réunissent que pour boire à la réussite de leur propagande. Chacun d'eux conçoit un plan qu'il ne communique à personne et qui a pour but de rejeter dans l'ombre les exploits de ses prédécesseurs.

Il n'y a pas jusqu'aux antécédents que, en remontant dans le passé, on trouve chez la plupart des criminels, qu'on ne découvre dans les anarchistes. Emile Henry, par exemple, qui comme Ravachol, Vaillant et les autres, est de la catégorie de ceux que les criminalistes appellent du nom générique de *régicides*, de la catégorie de ceux qui s'en prennent aux pouvoirs établis, quelle que soit leur forme, aux monarques, à Louis XV, à Napoléon III, au tsar, à l'empereur d'Allemagne, à la Société. Emile Henry est le petit-neveu d'un nommé Joseph Henry qui, le 29 juillet 1846, aux Tuileries, tira deux coups de pistolet sur le roi Louis-Philippe et pour cela fut condamné aux travaux forcés à perpétuité.

Mais naturellement, comme les héros de l'anarchie ont les yeux tournés vers les spéculations de l'esprit, vers les fantaisies de l'imagination, ils ne sauraient échapper à ce caractère de vague sentimentalité, de puérile rêverie, que l'on retrouve tout à la fois chez les peuples primitifs et chez les criminels, vague sentimentalité qui est chez ceux-ci comme le dernier lien les rattachant au bien et chez ceux-là comme le premier éveil de la noblesse de l'âme. Les criminels de tous genres, les anarchistes surtout, rêvent facilement aux étoiles. Il y a tantôt onze ans, alors qu'elle était en pleine vogue, un affreux assassin, Gamahut, allait chantant le long des chemins la chanson des *Blés d'or*, qui, précisément à cause de sa poésie banale et enfantine, a fait fortune dans les milieux les plus immondes de la société. Vaillant, lui aussi, composait des vers où il mêlait l'anarchie et les étoiles, et tous les journaux ont publié une poésie d'Emile Henry, datée de 1892, dans laquelle il disait entre autres fadaises (1) :

> Je vois autour de moi les anges
> Et les déesses de l'amour
> Accourir tous et, tour à tour,
> Venir me chanter ses louanges.
>
> Mais tous ils murmurent : « Espère »
> Et moi qui sais qu'ils sont trompeurs,
> Je sens raviver mes douleurs
> Car ils se rient de ma misère.
>
> Je ne puis avoir d'espérance.
> Après ces vers je me tairai ;
> Mais toujours je vous aimerai
> Et je bénirai ma souffrance.
>
> Je souffrirai silencieux
> Et vous serez toujours ma dame,
> Le bel idéal de mon âme
> Rêvant d'amour sous les grands cieux.

(1) Le père d'Emile Henry était poète comme lui et, comme lui, dans ses vagues rêveries, il parlait de rénovation

Et Léauthier, ce malheureux qui, dans un restaurant de Paris, a frappé un inconnu, choisissant un homme décoré, et choisissant cette victime uniquement parce qu'elle était

sociale. Dans une pièce philosophique intitulée la *Chaîne des Etres*, il disait :

Codes incohérents,
Enfantés par l'effroi, ce tyran des tyrans !

. . . .

Que la sainte Unité harmonisant le monde
Rende les Cieux plus doux, la terre plus féconde
Alors arrivera, ici-bas, comme au Ciel,
Le règne du vrai Dieu, règne *attractionnel*.

Atavisme poétique et nuageux du côté de son père, atavisme régicide du côté de son oncle.

D'autres fois la muse anarchiste a un autre ton : elle prend des allures guerrières — guerrières à sa façon — ; mais alors le poëte n'est point un *compagnon* militant et agissant : il paraît être un farceur faisant de la poésie anarchiste comme d'autres originaux font de la poésie naturaliste. Voici un échantillon de cette poésie, œuvre d'un fantaisiste inconnu et dont le nom, du reste, ne mérite guère de passer à la postérité :

Le député que tu nommes
Pour te faire des lois
Serait-il le meilleur des hommes,
Il n'en vaut pas trois (?)
Nuit et jour il fait ripaille,
    Il se fait du lard ;
Envoie faire f... cette valetaille.

. . . .

décorée, dans sa défense écrite devant le jury de la Seine, développait aussi avec un certain sentiment de vague poésie les folles rêveries

> Ah ! n... de Dieu ! faut qu'ça change.
>   Assez de perroquets,
> Y faut sortir de cette fange,
>   Ouvrons les quinquets,
> Gouvernant, patron, jésuite,
>   Tout ça sent le mouchard ;
> Faut leur f... d' la dynamite...
>
> . . . .
>
> Quand nous avons faim au ventre
> Alors pourquoi mendigoter,
> Tous les moyens sont bons, que diantre !
> Tout est permis, voler, tuer.
> Dynamitez le parasite,
> Sur autrui nul ne doit compter,
> Prenez au tas, ça va plus vite.
>
> . . . .
>
> Quand nous allons dans les casernes,
> Où l'on cherche à nous abrutir
> Avec un tas de balivernes
> Auxquelles il faut obéir,
> A tous les frères endormis,
> Parlant de grève générale,
> Nous préparons la Sociale
>   Des insoumis.
>
> . . . .
>
> Bourgeois, tu nous constipes,
> Avec tes grands principes.
>   Tes lois et tes vertus,
>   Je m'asseois dessus.

qui l'avaient conduit à l'anarchie et à l'assassinat :

Par une belle journée du mois d'octobre, dit-il, Paris
était en fête. On n'entendait partout que le bruit des
fanfares et des musiques. Sur le boulevard s'élevaient
des arcs de triomphe enguirlandés de fleurs et décorés
de *couleurs multicolores*. Le soir, des feux d'artifice, des
illuminations fabuleuses, tout brillait à l'éclat et à la
magnificence. Des banquets, des festins somptueux, des
distractions, des agréments à grand gallas (*sic*), des or-
gies épouvantables, l'or du pauvre monde gagné au
prix de tant d'efforts était dépensé, gaspillé, jeté à pro-
fusion par les forbans du gouvernement..
Et moi pendant ce temps-là dans ma pauvre man-
sarde je restais sans dîner.

. . . .

Des milliers de malheureux couchent sous *la sombre
étoile*, quand tant d'appartements à Paris sont à louer et
ne demandent qu'à l'être.

. . . .

Sachez que je tremblerai devant un lézard (!) et je ne
tremblerai pas devant les hommes ; que je pleurerai
devant un enfant et que je sourirai sous votre guillotine.

Mais si les anarchistes sont des poètes —
même des poètes orgueilleux et très orgueilleux, — ils sont avant tout des mystiques, des

religieux. C'est là le trait dominant de leur caractère.

Aussi, il faut que les journaux catholiques et conservateurs soient singulièrement aveuglés par leur passion politique pour accuser la République, les écoles sans Dieu des forfaits de l'anarchie. Certes, il ne s'agit point — nous ne voulons pas imiter nos adversaires — de rendre la religion responsable des crimes des Cyvoct et des autres ; mais, il faut bien le dire, Cyvoct, Ravachol, Vaillant sont les produits directs de l'enseignement congréganiste, de l'enseignement religieux : Ravachol et Vaillant ont été élevés dans des écoles congréganistes ; six mois avant de mettre sa bombe au Théâtre-Bellecour, Cyvoct était l'hôte assidu d'un cercle catholique de la ville de Lyon. C'est l'enseignement mystique qui aux uns et aux autres a donné la tournure d'esprit que la société a eu douloureusement à regretter en pleurant les victimes faites par leur fanatisme ; c'est dans cet enseignement religieux et mystique qu'ils ont puisé l'idée de faire le bonheur des masses en tuant un certain nombre de leurs semblables : c'est la vieille et antique tendance des inquisiteurs du moyen âge que, eux les anarchistes, ces primates, ils appliquent au XIXᵉ siècle : Cyvoct, Vaillant, Emile Henry ont quelque chose, ont beaucoup des saint Dominique et des Torquemada.

Si Emile Henry n'est pas le produit direct d'une éducation religieuse, il n'en est pas moins un être absolument imbu d'idées surnaturelles, superstitieuses et mystiques. Sa mère, en effet, parlant aux *reporters* des journaux parisiens qui l'interrogeaient, donnait en ces termes la caractéristique de l'état d'âme de son fils :

Depuis deux ou trois ans, disait-elle, il se livrait à des pratiques superstitieuses qui nous faisaient peur à sa tante et à moi. Il était spirite. Il se plongeait à certains moments dans des méditations profondes d'où mes plaintes ne pouvaient le tirer. Un soir que sa tante lui avait fait un lit sur un canapé dans sa chambre, il sortit de sa poche un portrait de saint Louis, qu'il voulut clouer au mur.

— Que veux-tu faire de ça ? lui dit sa tante.

— Saint Louis est mon bon guide, répondit Henry. Quand j'ai une résolution à prendre, quand j'ai une tristesse à calmer, j'évoque le souvenir du saint roi, et j'agis selon ses commandements.

Depuis ce temps le caractère d'Emile Henry s'est modifié. Il passait à Paris toutes ses soirées dans des réunions publiques ou avec des gens qui se livraient au spiritisme.

Ce n'est certes point l'âme du roi saint Louis qui a inspiré à son dévot la pensée de jeter une bombe à l'hôtel Terminus, mais c'est bien ce mysticisme, cette sorte de folie de l'âme, qui a armé le bras criminel d'Henry.

Ce bourgeois déclassé, ce raté orgueilleux, qui ne veut ni se repentir, ni demander grâce, qui espère que son châtiment rendra « un service immense » à sa cause, ce « cynique orgueilleux » sur le banc des assises, selon le mot du magistrat qui dirigeait les débats, Emile Henry veut partout se donner l'attitude d'un martyr et d'un martyr dont la mort révolutionnera le monde.

Emile Henry est bien un mystique lui aussi par ses origines, par ses rêves, par le vague de ses aspirations, par la façon même dont il a envisagé la mort.

Et le *compagnon* Meunier, anarchiste condamné le 27 mai 1894, par la cour d'assises de
Maine-et-Loire, n'avait-il pas la même origine?
Il a, lui aussi, commencé par le couvent pour
aboutir à l'anarchie, en passant par tous les
délits de droit commun. Il avait d'abord été
oblat à la trappe de Bellefontaine, près de Cho-
let, puis frère de Saint-Gabriel à Saint-Laurent-
sur-Sèvres, avant d'échouer pour abus de confiance sur les bancs des assises — sur ces mêmes
bancs où, en mai 1894, l'avaient reconduit ses
actes de propagande anarchiste, en société
d'autres *compagnons*, repris de justice comme
lui. — Mystique et bandit de droit commun,
Meunier a été l'un des propagateurs les plus
ardents de l'idée anarchiste.

Et Caserio Santo, le misérable dont le forfait
exécrable a si lourdement pesé sur les destinées
de notre patrie? C'est bien un mystique, un
religieux celui-là, un mystique orgueilleux,
croyant comme Henry à l'importance de son
apostolat, à l'œuvre fécondante de son martyre!

Lui aussi, il est le mystique et l'orgueilleux,

ce petit paysan italien ignorant, que guide seule une immense vanité.

Lui aussi il a été bercé au milieu de la fumée de l'encens, bercé des fêtes quelque peu enfantines de la religion tapageuse du midi. Ecoutez son frère disant de lui :

Santo, quand il était enfant, était joli comme un petit amour, tellement qu'il était choisi dans les processions pour représenter saint Jean, et le jour de la fête du saint, on le promenait à moitié nu, couvert seulement d'une peau de chèvre.

Plus tard, il fréquentait les sacristies et servait la messe ; il était de caractère très doux.

Il a commis son crime après avoir écrit à sa mère une lettre où, tout comme l'apôtre, il montre son absolu dédain de la famille, de ce que tous les fanatiques religieux appellent les « faiblesses humaines », de ce que tous les gens de froide raison tiennent pour les sentiments les plus nobles de l'âme :

Non, non, écrivait-il, il ne faut pas penser aux larmes de la mère ; il faut penser à son propre devoir et lutter contre la société actuelle, pour détruire ces insectes nuisibles qui sont les exploiteurs. Pour moi, je crierai toujours : Guerre, guerre aux exploiteurs!

Mystique comme tous ses congénères, il est orgueilleux comme eux, orgueilleux d'un immense orgueil, vaniteux d'une immense vanité. Pour en juger, lisez ce portrait qu'a tracé de lui, dans un journal lyonnais, un écrivain qui l'a vu aux assises du Rhône :

Caserio paraît plus jeune que son âge. On lui donnerait tout au plus dix-huit ans. Mais si son visage imberbe a conservé quelque chose du gamin, le corps s'est normalement développé. Les bras, comme chez la plupart des criminels, sont d'une longueur peu commune et les mains sont également disproportionnées.

Au moral, Caserio nous apparaît comme une sorte d'illuminé qui, s'il a conscience de l'attentat dont il s'est rendu coupable, lui attribue une portée qui nous échappe.

Celui qu'il a tué incarnait dans son idée la plus haute expression de la bourgeoisie et il s'en fait gloire.

La caractéristique de sa mentalité est du reste une vanité énorme. Il faut voir avec quelle complaisance il pose pour la galerie, avec quelle fierté non déguisée il raconte en un charabia franco-italien les détails de la préparation du crime et de son accomplissement.

Nulle fanfaronnade cependant. Bien qu'on le voie à plusieurs reprises sourire, il n'est pas l'homme qui ricane avec les magistrats et les jurés. Non, il se place en héros d'une idée.

S'il a tué un président de la République, c'est pour devenir, lui aussi, un homme célèbre, pour se poser sur un piédestal et s'offrir en spectacle à la curiosité des badauds.

— Je l'ai toujours vu orgueilleux, c'est ce qui l'a conduit au crime, a dit très justement de Caserio le vicaire de Motta-Visconti.

Ce mot résume admirablement l'état d'âme qui a armé le bras du criminel.

Et Bouthècle enfin, le dernier de cette triste série, venu longtemps après les autres, comme une de ces fusées oubliées qui partent quand le feu d'artifice est éteint, n'est-ce pas un mystique comme les autres? Comme les autres, comme Henry, c'est un raté : il a fait des études secondaires, mais a échoué en tout dans la vie; c'est l'orgueil, c'est la rage de ne pouvoir arriver qui l'animent; comme les autres, il est d'une famille très religieuse, ayant des parents ecclésiastiques; comme Cyvoct, il a été mystique ardent, il a été pieux avant d'être anarchiste.

Les anarchistes, disons-nous, sont fatalement religieux et leur état d'esprit à eux, à tous les agents de la *propagande par le fait*, il est bien celui de tous les féroces propagateurs des doctrines religieuses, des Arabes promenant le feu et le glaive sur toutes les côtes méditerranéennes, de Charlemagne égorgeant les Saxons pour les convertir à la foi du Christ, des moines des siècles passés élevant les innombrables et monstrueux bûchers de l'inquisition! Cela est si vrai que les théoriciens eux-mêmes du parti, les philosophes de la secte, ceux-là même qui sont incapables de commettre un assassinat anarchique de leurs propres mains, sont imprégnés de cette idée qu'il faut sacrifier quelques hommes, très nombreux même, pour la réalisation du bonheur humanitaire rêvé par leur imagination. C'est ainsi que nous trouvons, dans le compte rendu des assises de la Seine, de février 1894, lesquelles condamnaient un théoricien de l'anarchie nommé Jean Grave, les notes suivantes : Jean Grave avait, dans ses écrits, incité les conscrits à déserter ou à

« crever la peau à leurs supérieurs » — les
anarchistes ont au suprême degré la haine de
l'armée et de la patrie ; — d'autre part, il avait
écrit ces lignes :

La lutte devra s'attacher tout principalement à
détruire les institutions, flamber les actes de propriété,
plan de cadastre, procédure des notaires et avoués,
renversement des bornes de partage, prise de possession
au nom de tous, mise à la disposition de la masse des
consommations.

. . . .

Supposons un de ces patrons exécuté au coin d'une
borne, avec un écriteau expliquant qu'il a été tué
comme exploiteur, ou bien son usine incendiée pour
les mêmes motifs ; là, pas moyen de se tromper sur les
raisons qui auraient fait agir les auteurs de ces actes et
nous pouvons être certains qu'ils seraient applaudis de
tout travailleur ; voilà l'acte raisonné, ce qui prouve
qu'ils doivent toujours découler d'un principe directeur.

Ce sont les pures théories de l'anarchie. Eh
bien ! de cet homme émettant des théories aussi
monstrueuses, les témoins disaient que c'était
un convaincu, un apôtre, un mystique. Le
premier témoin — il est vrai que c'est aussi
un anarchiste, mais c'est un homme de vaste

intelligence, universellement estimé, incapable
de parler contre sa pensée, — M. Elisée Reclus
s'exprimait ainsi sur Jean Grave :

C'est une âme d'élite; quoique son instruction pri-
maire n'ait pas été complète, il a suivi les études qu'il
voulait faire sans défaillance et est devenu un homme
remarquable. Quant à sa valeur morale, elle est supérieure, à raison de la sincérité profonde de ses convictions, et je puis le dire, c'est un des rares hommes qui
n'ont jamais menti.

Le second témoin, journaliste du boulevard
parisien, sans aucune relation avec l'anarchie,
M. Octave Mirbeau, en parlait ainsi :

C'est la première fois que je vois M. Grave. Je n'ai
eu avec lui que des rapports épistolaires, mais j'ai
remarqué en lui une telle élévation d'idées que j'ai
conçu pour lui beaucoup de sympathie et d'estime. Je
suis d'ailleurs en communauté d'idées presque complète
avec lui. *Je le considère comme un apôtre* et un logicien
tout à fait supérieur. Il pousse la logique jusqu'au
bout, et c'est pourquoi il arrive à des conclusions...
extrêmes.

Et, sur une demande de M. l'avocat général
Bulot, M. Mirbeau précisait les théories de

Jean Grave en disant que, selon lui, « *il n'y avait pas grand mal à ce que l'orage abatte quelques chênes voraces s'il vivifie les humbles plantes* ».

C'est l'idée même de l'anarchie, confuse dans la plupart des esprits peu instruits des disciples de la secte, c'est l'idée-mère exprimée par un homme sachant écrire. N'est-ce pas la même qui a guidé le bras de tous les bourreaux religieux de l'Inquisition? N'est-ce pas celle qui a allumé tous les bûchers d'Espagne du XIVᵉ au XIXᵉ siècle, ceux de France aux époques des derniers Valois et des Bourbons? N'est-ce pas celle qui a armé le bras des assassins de la Saint-Barthélemy? Cyvoct, Emile Henry, Vaillant, ce sont les descendants directs des effroyables tourmenteurs de l'Espagne et de Rome!

C'est l'éternel besoin d'apaiser leurs souffrances qui, dans la triste réalité des misères humaines, pousse les malheureux aux plus folles et aux plus mystiques théories, les déchaînant parfois dans les sinistres et sanglantes fureurs du fanatisme : et il en a été ainsi dans tous les temps, aux jours sombres du moyen âge comme en notre siècle névrosé. C'est dans les mêmes esprits déséquilibrés seuls ou bien dans ceux qui sont hallucinés par la souffrance, et physique et morale, que germe le mysticisme qui, demain, sera le fanatisme. Dans les dernières pages de son beau roman sur *Lourdes*, M. Zola montre quel lien étroit unit ces deux choses, l'anarchie et le mysticisme religieux, celle-là fille de celui-ci, et son héros, un prêtre désabusé, son esprit passant de l'un à l'autre, entraîné par la force des choses, par une suite naturelle d'idées, « sans transition apparente, sur le fond trouble de ses pensées ».

Ces mystiques sanglants qui sont les anarchistes, ils ont eu des précurseurs, qui avaient, eux aussi, puisé la pensée du crime à la même source empoisonnée : c'étaient aussi des anarchistes dans leur temps, ces mystiques religieux, ces catholiques ardents du xvi° et du xvii° siècle, ces Jacques Clément, ces Ravail-

lac, qui poignardèrent Henri III et Henri IV,
comme Caserio poignarda l'infortuné président
Carnot; c'est la même pensée fanatique et mystique qui arma leurs mains criminelles aux uns
et aux autres, rêvant les uns et les autres le
soulagement des misères de tous par l'assassinat d'un seul, par le meurtre de quelques-uns.

Mystiques, religieux, tels sont donc bien ces
criminels de droit commun; mais voilà que,
pour confirmer cette thèse, pour lui donner
pleine, entière et éclatante lumière, on découvre
que cet étrange *compagnon* qui a nom Sébastien Faure et qui joue un si grand rôle dans le
monde anarchiste, que Sébastien Faure que
tous les prévenus de la secte réclament comme
avocat devant les assises et devant le tribunal
correctionnel, qui parcourt la France en faisant de l'agitation anarchiste et la poche pleine
d'argent d'origine inconnue, voilà que l'on
découvre que Sébastien Faure, fils de parents
très royalistes, a porté la soutane dans la Compagnie de Jésus, a fait son noviciat chez les

jésuites de Clermont-Ferrand, poussant, dans
son exaltation religieuse, la ferveur jusqu'à la
macération.

En février 1894, le *Temps* donnait, en effet,
sur cet homme étrange, les renseignements
suivants que nul n'a démentis :

Sébastien Faure est un ancien membre de la Compagnie de Jésus; il a passé plusieurs années au noviciat
de Clermont; c'est donc un ex-jésuite que les anarchistes ont aujourd'hui pour confident.

Sébastien Faure est né à Saint-Etienne en 1858; il
appartient à une famille excellente de négociants, très
connue dans cette ville pour ses sentiments religieux
et ses opinions monarchiques; placé par elle au collège
des jésuites, dit collège Saint-Michel, il y fit de bril-
lantes études.

D'une piété vive, d'une imagination presque mystique,
il fut remarqué par ses maîtres qui lui ouvrirent les
portes de la Compagnie de Jésus et le noviciat de Cler-
mont-Ferraud. Là encore, son exaltation religieuse, sa
ferveur allant jusqu'à la macération, le signalèrent;
une remarquable facilité de parole, un langage châtié,
nuancé, une grande souplesse mêlée de grâce dans
l'argumentation, — qualités qu'il n'a point perdues, —
le firent destiner à la prédication; il avait l'étoffe d'un
missionnaire et d'un convertisseur, disait-on de lui au
noviciat des Pères.

Que se passa-t-il? quel incident se produisit? Nous

ne saurions le préciser; Sébastien Faure quitta la Compagnie de Jésus et devint agent d'assurances à Bordeaux, puis remisier à la Bourse de Paris; en même temps, il se lançait dans le parti révolutionnaire et, comme le socialisme avait ses chefs de file, il se plaça à l'avant-garde, c'est-à-dire au peloton des anarchistes, qui sont la tête de la colonne et la mènent.

Sébastien Faure, élève des jésuites, novice, jésuite lui-même!

Ah! oui, c'est bien la haine de la liberté et de la démocratie qui seule a pu forger ces effroyables bandits, lesquels menacent, en leurs horribles forfaits, la société moderne, la société libérale et démocratique, faisant passer en notre pays républicain un violent vent de réaction! Aussi ne peut-on s'empêcher de rapprocher du mysticisme des anarchistes, de leur éducation religieuse, les cris de joie des réactionnaires saluant leurs forfaits, de M. Paul de Cassagnac, par exemple, s'écriant : « L'effet des bombes de Vaillant et d'Henry sera salutaire... Bénies soient les bombes! » Aussi ne peut-on se garder de singulières réflexions en

songeant que chez l'anarchiste Marius Tournadre, arrêté au commencement de mars 1894,
on a trouvé de nombreuses lettres annonçant
l'envoi d'argent à distribuer aux *compagnons*,
lettres émanées en grand nombre de prêtres !

Correspondants de Tournadre, vous êtes les
propagateurs de l'anarchie dans un but de réaction religieuse et politique, que vous estimez
bon et utile, appliquant ainsi le même principe
que les anarchistes assassinant quelques hommes pour faire le bonheur de tous ; mais vous
n'êtes point les seuls agents de la propagande
anarchiste. Il y en a d'autres, inconscients
ceux-là ; ces autres c'est la foule névrosée et
sceptique des boulevardiers parisiens, de tous
ceux qui vivent dans cette atmosphère sur-
chauffée, dans ce milieu factice de notre vivante,
ardente et brûlante capitale. Cette foule, qui est
pourtant la première victime des forfaits de
l'anarchie, est l'une des causes les plus actives
de la multiplication des bombes meurtrières.

Oui, la foule qui travaille, les ouvriers, les
petits négociants, les boutiquiers, tout ce

monde qui peine, et dans l'esprit duquel les
rigoureuses nécessités du travail maintiennent
bon sens et raison, tout ce monde est légitime-
ment furieux contre les anarchistes et, les
prenant sur le fait, comme Henry à l'hôtel
Terminus, il lyncherait ces bandits ; mais le
monde inoccupé, viveur et noceur des boulevards, de l'aristocratie, trouve ça *drôle :* il en
rit, il en plaisante ; la bombe est un piment
pour les sens blasés : ce névrosisme bête doublé
d'une stupide sentimentalité et d'un odieux
cabotinage — comme celui qui a éclaté autour
de la petite Sidonie Vaillant, — ce névrosisme
que l'on a constaté pour tous les criminels
célèbres, les Pranzini, les Anastay, les Eyraud,
ce névrosisme a inspiré plus d'un anarchiste, a
achevé de déséquilibrer plus d'un cerveau en
le faisant chavirer dans l'ornière des doctrines
à la mode ! Que l'on ne s'y trompe pas, les
mystiques de l'anarchie ont eu pour plus ardents
et plus actifs auxiliaires les sceptiques, les
viveurs, les névrosés des salons parisiens et
des cabarets du boulevard !

L'anarchie, qui, en notre siècle de solidarité humaine, alors que tous tendent avec un violent amour vers la fraternité universelle, l'anarchie qui semble avoir concentré en elle, en sa féroce doctrine, tous les restes ataviques de l'ancienne barbarie, l'anarchie est un fléau, une maladie, qui semble avoir passé comme tous les autres ; comme, au temps du Directoire, ont passé les *chauffeurs* dans le domaine social, comme a passé la peste dans le domaine physiologique, comme passe et disparaît le phylloxera dans le domaine végétal et animal.

La folie anarchique est peut-être définitivement passée ; mais le mysticisme, qui l'a enfantée, a été, est et sera de tous les temps : seulement, ce mysticisme se transformera suivant les siècles : religieux au moyen âge, il s'est montré anarchiste en notre fin de siècle : quelle forme prendra-t-il aux âges futurs ?

LES HOMMES
ET LES THÉORIES DE L'ANARCHIE

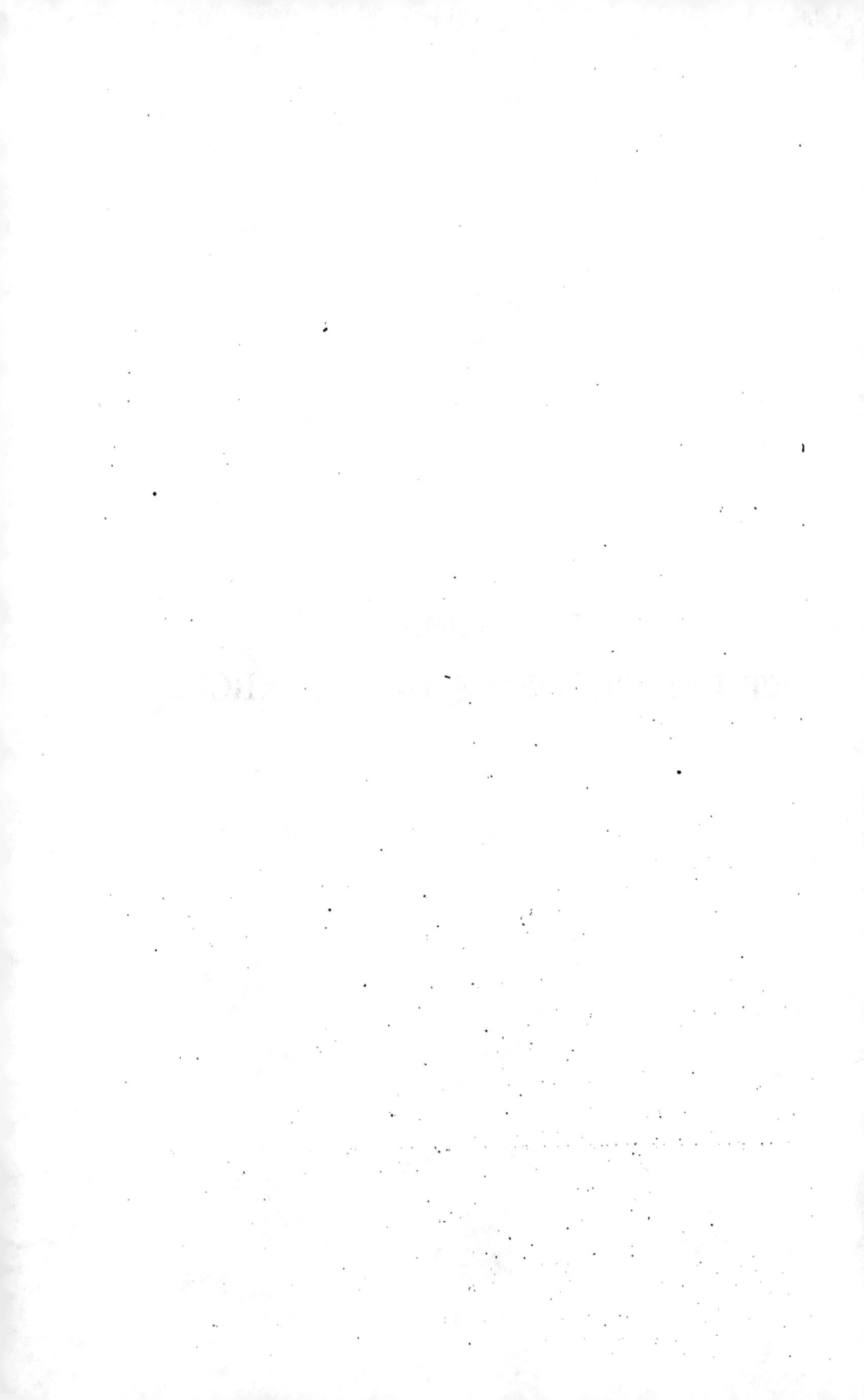

LES HOMMES ET LES THÉORIES
DE L'ANARCHIE[1]

I

Les attentats du boulevard Saint-Germain, de la caserne Lobau, de la rue de Clichy, du restaurant Véry, à Paris, les débats de l'affaire Ravachol devant les Cours d'assises de la Seine et de la Loire ont appelé de nouveau d'une façon aussi retentissante que tragique l'attention publique sur les anarchistes et sur leurs théories.

Ces gens-là ne relèvent ni de la sociologie, ni de la philosophie, ni de la politique, ni de l'économie politique : ils ne relèvent que de l'anthropologie criminelle. Ce ne sont guère, en effet, que des malfaiteurs de droit commun

(1) Publié par les *Archives d'anthropologie criminelle* en 1892.

essayant de dissimuler leurs attentats sous le masque de théories sociales aussi insensées que dangereuses.

Ravachol. qui a été condamné à mort pour assassinats suivis de vol par la Cour d'assises de la Loire, a été le type le plus caractéristique comme le plus épouvantable de l'anarchiste. Un seul parmi tous les *compagnons* poursuivis pourrait lui être comparé, Cyvoct, également condamné à mort par la Cour d'assises du Rhône à la suite de l'attentat du Théâtre-Bellecour à Lyon, le premier en France qui de la théorie pure ait fait passer dans la sanglante et tragique réalité la doctrine de la *propagande par le fait* (1). Du reste, Cyvoct et Ravachol se ressemblent par plus d'un point : chez l'un et

(1) Cyvoct n'a été condamné que comme complice de l'attentat du Théâtre-Bellecour, le jury ayant écarté la question principale d'auteur direct du crime. Nous n'avons pas à rappeler ici l'opinion de toutes les personnes qui, comme moi, ont suivi les débats de la Cour d'assises du Rhône et, quelle que puisse être l'opinion individuelle de chacun, quel qu'ait pu être le sens incompris d'une question mal posée au jury, il y a chose jugée et Cyvoct ne doit être considéré que comme le complice de cet abominable attentat.

chez l'autre, c'est la même tendance mystique, abandonnant le fanatisme religieux de leurs premières années pour se lancer dans les folies furieuses de l'anarchie (1). Chez l'un et chez l'autre c'est le même enthousiasme pour les théories de leur école, la même violence dans le langage ; ce serait la même logique implacable dans l'exécution du crime, si l'on admettait avec l'accusation que Cyvoct aurait allumé la mèche des bombes de Bellecour et du quai de la Vitriolerie. Mais, il faut s'empresser de le reconnaître, un abîme sépare Cyvoct et Ravachol : le premier n'a jamais volé, n'a jamais assassiné pour voler, n'a jamais commis aucun crime dégagé de toute pensée de révolution sociale et, à ce point de vue, aux yeux de

----

(1) Cyvoct fréquentait encore les cercles catholiques quelques mois avant l'attentat du Théâtre-Bellecour ; le frère de Ravachol, devant les Assises de Montbrison, racontait que, autrefois, l'accusé conduisait assidûment à la messe ses frère et sœur plus jeunes ; Ravachol a toujours reconnu ses tendances mystiques antérieures. « Ravachol, « disait son défenseur, M. Lagasse, devant les Assises de « Montbrison, est une victime de la politique, de ses idées « anarchistes, de son mysticisme, qui à vingt ans le poussait « vers les ordres. »

la théorie anarchiste, Cyvoct reste fort au-
dessous du condamné de Montbrison : on peut
même dire qu'il ne réalise nullement en sa plé-
nitude le type de l'anarchiste tel que nous
pouvons le concevoir d'après les doctrines de
l'école, si toutefois on peut appeler l'anarchie
une école. Ravachol, au contraire, a pleine-
ment réalisé le type de l'anarchiste tel que
l'avaient tracé *le Droit social* et *le Révolté*, les
premiers journaux du parti.

Ravachol est complet : sa vie c'est une lutte
perpétuelle contre la société, il est tout à la fois
contrebandier et voleur, violateur de sépulture
et assassin : tous les moyens lui sont bons
pour détruire les personnes de ceux qui possèdent ; suivant les pures théories de *la propagande par le fait*, il use de tous les procédés :
ses victimes, il les étrangle tout aussi bien qu'il
se sert contre elles du couteau, du revolver, du
marteau ou de la dynamite : suivant les théories anarchistes, il a étudié avec soin les engins
chimiques, il les a étudiés avec tant de soin
qu'il a pu, hélas! s'en servir avec un trop grand

succès, mais ces études ne l'ont point empêché
de pratiquer à l'occasion les engins plus primitifs d'assassinat, y compris les plus primitifs de
tous, la main et le genou, comme pour l'infortuné ermite de Chambles : et il peut se
vanter que chacun de ses doigts a tué un
homme !

Cette vantardise, qui, avec le mensonge, —
tous ceux qui ont eu à exercer l'action publique
ont pu le remarquer, — est l'un des signes les
plus caractéristiques des criminels, Ravachol la
possédait au plus haut point : devant ses *com-*
pagnons comme devant les jurés de la Seine et
de la Loire, comme devant ses geôliers, c'était
l'homme qui « posait pour la galerie » ; alors
même que sa tête était en jeu, la chose qui sans
cesse le préoccupait le plus c'était la réclame
faite autour de son nom, autour de ses horribles
exploits ; avant les attentats de Paris qui l'ont
rendu si tristement célèbre, n'était-ce pas
l'homme qui, faisant allusion à ses crimes de
la région stéphanoise, disait au *compagnon*
Chamartin : « Si je voulais dire ce que j'ai fait,

on verrait mon portrait sur tous les journaux (1) » ?

(1) Et quand Ravachol est arrivé à l'heure suprême, au moment de gravir l'échafaud, ce vain sentiment de gloriole s'est trouvé enlevé avec la lâcheté écœurante de la plupart des criminels : Ravachol était là près du gibet, essayant de s'étourdir par le bruit, criant, chantant des chansons obscènes, hurlant.

Un témoin oculaire (*Lyon Républicain*, 12 juillet 1892) nous dit quelle impression il produisit sur ceux qui le virent, à cette heure, sur la place de Montbrison :

« Le drame épouvantable qui s'est déroulé, hier à Montbrison, est bien la plus horrible chose, le plus écœurant spectacle qu'on puisse imaginer

« On ne saurait se faire une idée de l'impression de dégoût qu'ont éprouvée les rares spectateurs de cette scène unique dans les annales de la guillotine.

« Quand le fourgon est arrivé devant l'échafaud et qu'on a entendu chanter le condamné, ça été un frisson inexprimable qui nous a tous secoués.

« Il chantait ! Il chantait comme les enfants peureux qui, affolés par la terreur, cherchent à se donner du courage en troublant le silence par le son de leur voix.

« Et quel terrible spectacle quand le misérable a paru, comme fou, pareil à un homme ivre qui ne sait ni ce qu'il dit ni ce qu'il fait !

« Il fallait le voir se débattre comme un forcené, dans un accès de *délirium tremens*, entre les mains des aides du bourreau ; il fallait l'entendre chanter son refrain obscène d'une voix qui n'avait plus rien d'humain.

« Ah ! que c'était bien là le Ravachol qui volait les cadavres, assassinait les vieillards ! il devait chanter comme cela quand il tuait l'ermite de Chambles.

« Et du reste, n'a-t-il pas avoué qu'après avoir commis cet assassinat, il avait trompé les longueurs de la route en chantant des chansons grivoises dont sa maîtresse reprenait les refrains. »

C'est bien le vrai type du criminel moderne se distinguant avec une netetté profonde des criminels des âges précédents, soit par les procédés, soit par les idées, « le criminel fin-de-« siècle, » comme l'on dirait sur le boulevard parisien. Il a mis à profit les découvertes chimiques modernes pour le mal comme d'autres s'en servent pour le progrès et le bien-être de l'humanité. Il s'en sert pour détruire comme d'autres en usent pour créer de nouvelles forces aux mains de l'homme. Pour accomplir ses forfaits, il a pris la dynamite comme les bandits, ses ancêtres, ont laissé successivement la main, la griffe de la bête féroce, pour le bâton, le bâton pour la hache et le couteau, la hache et le couteau pour le pistolet et le fusil. Voilà pour les procédés. Pour les idées, conformément aux théories de l'anarchie, qui ne sont pas autre chose que les pensées que Ravachol a appliquées, il a couvert les attentats de droit commun du manteau de prétendues doctrines sociales : s'il a tué quelques infortunés, des vieilles femmes, des sexagénaires inoffensifs,

c'est, comme il l'a déclaré avec un rare cynisme
et une logique plus étonnante encore, pour
donner du pain à ceux qui n'en avaient pas,
ceux-là étant lui et sa famille; s'il a violé un
tombeau, fouillant, en un épouvantable attentat, les chairs en putréfaction d'un cadavre,
c'est pour secourir avec les bijoux, qu'il croyait
enfermés dans le cercueil, ceux qui avaient
faim! Aux temps antérieurs, les brigands féodaux, les seigneurs, hauts barons et autres,
volaient et tuaient en invoquant carrément le
droit du plus fort, le vrai droit du moyen âge;
lui, Ravachol, en notre siècle de fraternité
humaine, de socialisme humanitaire, il invoque,
pour tuer et voler, le droit moderne, les idées
de solidarité qu'il commente à sa façon! Mais,
au fond, c'est bien toujours la même bête fauve,
incapable de travailler, aux appétits rapaces et
sanguinaires, la même brute que, à travers
tous les siècles, on retrouve dans tous les bandits, qu'ils soient parés de l'armure au moyen
âge, qu'ils portent l'espingole des brigands
Calabrais ou qu'ils soient les rois des montagnes

de la Grèce ; c'est bien toujours la même brute
que l'on retrouve dans les Néron et les Caligula
comme dans les Eyraud, les Troppmann et
autres. Il n'y a pas jusqu'à ce caractère de
« générosité, » de « bonté, » que lui donnent,
devant les Assises, son frère et Chaumartin,
que lui accorde sa maîtresse, la femme Rullière,
lui adressant des propos d'amour jusque devant
le Jury (1), ce caractère qui survit par instant
comme un reste de sensibilité humaine, perle
perdue dans la fange, qui survit, rappelant
qu'il est encore un homme, il n'y a pas jusqu'à
ce caractère de sensiblerie intermittente qui
n'ait été remarqué chez tous les criminels.
Ravachol peut avoir des allures modernes,
mais il n'est pas autre que le bandit de tous les

---

(1) Chaumartin a dit et répété à diverses reprises devant
la Cour d'assises qu'il tenait Ravachol, — qu'il accusait
cependant, — qu'il le tenait pour « un cœur généreux, très
« humain ». Son frère parlait avec émotion des soins qu'il
lui avait donnés durant sa jeunesse. Quant à la femme Rullière, elle s'écriait devant les jurés, rétractant des accusa-
tions antérieures formulées contre son amant :

« Pour moi, Ravachol n'est pas un assassin, ni un mons-
« tre. Cet homme, s'écrie-t-elle, je l'aime encore et de tout
« mon cœur !... Pardonnez-moi ce que j'ai dit. »

âges. Et, dans la défense suprême, défense écrite, qu'il voulait prononcer devant la Cour d'assises de la Loire, défense que le président a arrêtée dans sa lecture, mais que la presse a recueillie facilement des mains de l'accusé trop heureux de la livrer, Ravachol laisse échapper le secret de tous ses crimes, c'est celui de tous les malfaiteurs, l'âpre désir de s'emparer par la force de ce dont on a envie, la paresse de gagner son pain par le travail, la fureur de jouir du bien d'autrui par la violence, sans que la voix de la conscience puisse se faire entendre : il déclare que l'on ne remédiera pas au mal social « en supprimant celui qui plutôt que de « mourir d'une mort lente par suite de priva- « tions qu'il a eu et aurait à supporter sans « espoir de les voir finir préfère s'il a un peu « d'énergie prendre violemment ce qui peut « lui assurer le bien-être même au risque de sa « vie qui ne peut être qu'un terme à ses souf- « frances. »

Puis il ajoute, lui qui a reconnu avoir été un mauvais ouvrier : « Je ne suis qu'un ouvrier

« sans instruction mais parce que j'ai vécu de
« l'existence des miséreux, je me sens mieux
« qu'un riche bourgeoi liniquité de vos lois
« repressives. Ou prenez vous le droit de tuer
« ou d'enfermer un homme qui mis sur la terre
« avec la nécessité de vivre est vu dans la
« nécessité de prendre ce dont il manquait
« pour se nourir. J'ai travaillé pour vivre et
« faire vivre les miens tant que ni moi ni les
« miens nont pas trop souffert je suis rester ce
« que vous appeler honnête. Puis le travail a
« manqué et avec le chômage est venu la faim.
« Cest alors que cette grande loi de la nature
« cette voie impérieuse qui nadmet pas de
« replique linstinct de la conservation me
« poussa à comettre certains des crimes et
« délits que vous me reprochez et dont je me
« reconnais être l'auteur. »

C'est la lutte pour la vie de l'homme sauvage, de l'homme primitif, sans souci des droits
d'autrui, c'est le principe qu'ont invoqué tous
les criminels, c'est le principe sauvage et brutal
de la force absolue, de la force triomphante, de

4

la négation du droit et de la liberté, en vertu duquel, chaque jour, avec plus ou moins d'inconscience, agissent tous les voleurs, tous les escarpes, tous ceux qui nuisent à leurs semblables dans leurs personnes et dans leurs biens, comme c'est en vertu de lui qu'ont agi tous les persécuteurs de la pensée et tous les conquérants qui ont écrasé les peuples. C'est le principe des peuples barbares comme celui de tous les bandits, bandits couronnés ou simples individus : « la force prime le droit. » C'est le principe auquel, dans l'aveuglement de l'instinct, obéit l'animal poussé par la faim à dévorer des êtres plus faibles que lui ; c'est la négation de la justice, de la société humaine, du droit ; c'est ainsi que le criminel se rapproche de la brute et Ravachol n'est pas d'une autre nature que les autres grands criminels, et Ravachol n'agit pas par d'autres mobiles qu'eux. Chez les uns et chez les autres, c'est la brute qui sommeille au fond de tout être humain que n'a pas développé la civilisation, c'est elle qui agit.

Mais, par le nombre de ses crimes, par leur audace, par leur variété, Ravachol reste le plus tristement grand de nos criminels modernes, des Eyraud, des Troppmann, des Prado, des Pranzini, des Campi, les dépassant tous, dans une place à part, réalisant tout à la fois l'idéal anarchiste et le type légendaire du criminel qui jusqu'à ce jour n'avait vécu que dans l'imagination du romancier.

II

Les tristes exploits de Ravachol ont eu dans tous les cas pour premier résultat de prouver aux plus sceptiques, à ceux-là mêmes qui ont l'habitude de sourire de toutes choses et de tous, que les prédications anarchistes, que les élucubrations des feuilles de la secte et de ses orateurs n'étaient point de vaines et puériles spéculations, mais bien de sinistres conceptions et de dangereuses réalités (1).

(1) Personnellement, j'ai été mêlé non point comme adepte, bien entendu, mais comme spectateur des premières loges,

A l'heure actuelle, où, sur notre sol de France,
entraînés par un généreux et immense mouvement de solidarité humaine, tous les partis
consacrent leurs efforts à l'étude des questions
sociales et à l'amélioration du sort des classes
laborieuses, où la nécessité des réformes sociales est si impérieuse qu'elle est parvenue à
s'imposer à l'attention des hommes les plus
hypnotisés par les vieux errements du passé,
où elle a forcé les portes du sanctuaire le plus
fermé à toute idée de progrès, celles du cabinet
du chef de la catholicité, où, sous la loi inéluc-

---

au mouvement anarchiste de ces dix dernières années et
c'est à ce titre que je crois pouvoir confier au public ces
notes d'actualité. Quand, en 1882, se produisit à Lyon l'attentat du Théâtre-Bellecour, j'étais attaché au parquet du
procureur de la République et je collaborai à l'enquête
ouverte sur ce crime par mon ami M. Bulot, alors substitut
à Lyon, depuis victime de l'attentat de la rue de Clichy. En
décembre 1882, en janvier et en février 1883, ayant l'honneur
d'être rédacteur au *Lyon Républicain*, je suivis, la plume à
la main, les débats du procès intenté aux anarchistes devant
le tribunal correctionnel et la cour de Lyon ; et devant la
cour, magistrats, prévenus, avaient tous en mains mes
comptes rendus des débats de première instance. En 1890
et 1891, magistrat à Grenoble, j'ai été appelé à requérir
contre les anarchistes qui avaient, le 1er mai 1890, commis
des crimes dans la ville de Vienne.

table de l'éternelle marche en avant, tous se
préoccupent d'élever les masses tout à la fois
en moralité, en intelligence, en bien-être physique, où, comme l'indiquait Bastiat, tous tendent vers un niveau commun en même temps
qu'à l'incessante élévation de ce niveau, les
anarchistes se distinguent de tous les autres
réformateurs, des libéraux comme nous qui ne
comptons que sur le libre développement de la
raison individuelle comme des socialistes d'Etat,
des socialistes catholiques ou des collectivistes
qui n'ont foi qu'en l'intervention des pouvoirs
publics plus ou moins inspirés par un sentiment
religieux. Les anarchistes, en effet, ne songent
ni à améliorer, ni à réformer ; ils ne songent
qu'à détruire ; alors que les autres écoles se
proposent un idéal social plus ou moins réali-
sable, eux ils ignorent absolument ce qu'ils se
proposent de faire : ce qu'ils veulent, détruire
et détruire par tous les moyens possible, le vol,
le pillage, l'assassinat, l'incendie ; ce qu'ils veulent, c'est, transportant la méthode de Descartes
du domaine philosophique au domaine social,

faire table rase de tout ce qui existe, seulement,
à la différence de l'illustre penseur et de sa
méthode, ils ne s'occupent nullement de reconstruire sur les ruines universelles. Leur pensée
ne va pas plus loin que la destruction des
monuments publics, des usines, des cités, que
la flamme qui dévorera les villes et les
hameaux, que l'amoncellement des cadavres
des *bourgeois* ; la haine sauvage et la rage
furieuse de l'anéantissement de tout ce qui
existe, voilà leurs seuls guides : du lendemain,
ils ne se sont jamais occupés : détruire pour
détruire, effacer, en un effroyable cataclysme,
plus épouvantable que l'invasion des barbares
au IVe siècle, mille fois plus terrible que celle
des Huns au Ve siècle, des Hongres au IXe,
l'œuvre de six mille ans, le travail lent et
pénible de l'humanité, la civilisation tout
entière, ramener le monde aux temps préhistoriques, à l'âge de pierre, à l'âge des cavernes,
tel est leur but : quant à ce qui renaîtra au
milieu des cendres amoncelées, sur ce terrain
arrosé du sang d'innombrables victimes, ils ne

savent, ils s'en remettent aux forces de la
nature. Insensés! ils ne voient pas que, au
lendemain de ces catastrophes sans nom, de
cette révolution dévastatrice, l'esprit humain
procédant toujours de même et les mêmes
situations déterminant toujours de sa part des
actes identiques, les peuplades sauvages de
l'Afrique centrale employant pour la fabrication
de leurs ustensiles et de leurs armes les mêmes
moyens dont usaient nos lointains aïeux de la
pierre polie, les Djebalia du pays de Kvour,
dans le sud tunisien comme les innombrables
peuples de l'Amérique ou de l'Asie, pour obte-
nir protection et paix, en étant arrivés à subir
le joug d'une lourde féodalité pareille à celle de
notre Europe du moyen age, la nature, en
vertu des lois économiques immuables, fera
renaître une société semblable à celle qui aura
été détruite, fera revivre l'humanité en des âges
semblables à ceux qu'elle a déjà vécus : seulement, l'humanité portera à nouveau le douloureux fardeau des siècles de la barbarie, de la
force souveraine et du droit méconnu, l'huma-

nité souffrira à nouveau le long martyre des
époques théocratiques et despotiques, l'humanité sera, durant des siècles, privée à nouveau
de ses droits et de sa liberté ! Insensés, la révolution que vous rêvez, si elle pouvait accomplir
victorieusement ses forfaits, elle n'aurait d'autre
résultat que de renouveler pour de longs âges
le règne des tyrans et l'esclavage des foules
innombrables !

III

Ces théories fort nébuleuses, que n'inspire
que la haine seule, qui, pour leur réalisation,
prêchent l'emploi de tous les moyens violents,
le fer, le feu, le poison, faisant des crimes de
droit commun de légitimes procédés de révolution sociale, ont fait leur apparition, il y a
quelque dix ans, dans une feuille créée sur les
rives hospitalières du lac Léman par un rêveur,
par un esprit généreux mais aigri par la souffrance, poussé par le régime de despotisme de
son pays, par le prince Kropotkine.

Le Révolté, organe de la Fédération jurassienne, groupe des quelques disciples de Kropotkine, qui, le premier, prêcha ces doctrines, vit ses articles tomber dans le vide, se heurter au mépris des classes laborieuses de la région du Haut-Rhône. Le prince russe exilé écrivait en vain soit de Genève, soit de Thonon : ses adeptes étaient plus que rares et seuls quelques journaux ultra-conservateurs, dans un but politique facile à comprendre, agitant, suivant une vieille coutume, le *spectre rouge*, prêtaient, en deçà de nos frontières, leur attention et leurs colonnes à ses élucubrations (1).

(1) A cette époque, seuls les journaux conservateurs parlaient du *Révolté* : sans eux, il fût resté inconnu et probablement serait très promptement mort de sa belle mort. Mais c'était avec une touchante complaisance que les journaux monarchistes citaient les articles les plus insensés et les plus incendiaires de la feuille anarchiste. N'était-ce pas par des procédés pareils que les gens de la rue de Poitiers avaient tué la République en 1848 ? On espérait, une fois de plus, que le *spectre rouge* terroriserait le *bourgeois* et aiderait à la restauration d'un trône quelconque. C'était la même pensée qui guidait cet épicier ultra-clérical de Tours jouant de la dynamite, en 1892, après Ravachol et payant de son bras la lugubre propagande conservatrice. C'était celle qui inspirait également le nommé Paul Lenoble, bedeau et sacristain de l'église de Saulchery (Aisne), qui faisait partir

Le Révolté pénétra à Lyon, vers la fin de
1881 : là, il trouva de l'écho, un faible écho ;
mais quelques énergumènes, qui n'avaient
point l'excuse des souffrances endurées du
prince Kropotkine, ni peut-être sa bonne foi,
dans *l'Etendard révolutionnaire* d'abord, dans
le *Droit social* ensuite le journal ayant changé
de titre à la suite de la condamnation par la
Cour d'assises du Rhône de son gérant pour
excitation au pillage, au meurtre et à l'incendie, — soutinrent, en les précisant, en les développant et en les *particularisant*, les théories
anarchistes.

La destruction de tout ce qui existe, l'apologie de l'assassinat des patrons, du vol, de
l'incendie, l'apostolat de la *propagande par le*

---

deux cartouches de dynamite dans les rues de son village
et adressait au nom de l'anarchie des menaces de mort à
son maire : toutes choses qui, le 28 avril 1892, lui valait de
la part du tribunal correctionnel de Château-Thierry, six
mois de prison. Aussi l'anarchiste Chaumartin, devant la
Cour d'assises de la Loire, parlant de ses rapports avec
Ravachol, disait-il, en mêlant les uns et les autres dans une
touchante affection : « Il (Ravachol) m'a donné quelques
« coups de main comme les autres amis, anarchistes ou
« réactionnaires. »

fait, c'est-à-dire de l'accomplissement de crimes individuels, l'indication des moyens de se procurer de la dynamite et de s'en servir, un savant cours de chimie pratique sur le moyen de fabriquer des produits explosifs, tel était le sujet des articles du *Droit social*, du journal des *révolutionnaires dynamitisants*, comme les appelait l'un de leurs amis d'alors, devenu depuis l'un des plus brillants publicistes de la presse parisienne.

Ces appels à la haine des prolétaires contre les *bourgeois* avaient peu de retentissement dans cette démocratie lyonnaise si profondément honnête, si laborieuse, en même temps si résolument progressiste et si sage : sur le plateau de la Croix-Rousse, sur la colline de Saint-Just, comme dans les quartiers des Brotteaux ou de la Guillotière, les masses ouvrières ont le culte de l'honnêteté et du travail, comme elles ont celui de la liberté, comme elles ont le respect des droits de chacun.

Quelques adeptes à Lausanne et à Genève, Kropotkine à Thonon : deux ou trois individus

isolés à Paris, un ou deux groupes à Lyon avec
des ramifications à Saint-Etienne, à Villefran-
che-sur-Saône et à Vienne, en tout une soixan-
taine, une centaine, si vous voulez, de personnes.: c'était toute la légion anarchiste en
l'année 1882. Aussi le *compagnon* Régis Faure,
de Saint-Etienne, écrivait-il, le 3 septembre
1882, au *compagnon* Bordat de Lyon : « Tu
« ne saurais croire ce que nous avons de peine
« à deux ou trois que nous sommes, pour
« écouler nos brochures. Ceux sur lesquels
« nous comptions, se sont, pour ainsi dire,
« découragés. Ce n'est pas qu'elles n'aient pas
« de vente, mais on ne s'en occupe pas. » A la
même époque, Gautier et Kropotkine écrivaient
chacun de leur côté : « Ça ne va pas. »

Oui, mais les anarchistes, avec leurs procédés de *propagande par le fait,* n'avaient pas
besoin d'être nombreux pour forcer bientôt
l'opinion publique à *s'occuper* d'eux, bon gré,
mal gré, — et ils allaient bientôt en donner la
preuve, et la preuve terrible.

Dans un numéro publié, si mes souvenirs

sont exacts, à l'occasion du 18 mars 1882, *particularisant* les moyens de *propagande par le fait*, le *Droit social* avait signalé à la vindicte des anarchistes et à leur dynamite une sorte de café de nuit, établi sous le Théâtre Bellecour, à Lyon, et vulgairement appelé, dans l'argot des viveurs, l'*Assommoir*, — en l'honneur du roman de M. Emile Zola, dont l'apparition avait précédé de quelques mois l'ouverture du bouge, fait dont l'illustre romancier serait peu flatté, s'il le connaissait. — Au dire du *Droit social*, c'était le lieu d'orgie de prédilection des *bourgeois :* en fait, c'était un cabaret fort mal famé, rendez-vous d'un monde très mêlé, dans lequel les filles du trottoir dominaient, mais que, en réalité, la *bourgeoisie* avait depuis longtemps déserté. — Avec celle de l'*Assommoir*, le rédacteur du *Droit social* avait au cœur la haine d'un établissement d'un tout autre genre : celle du bureau de recrutement : la grève des conscrits, la malédiction contre les armées permanentes et l'attaque violente, monstrueuse, contre la patrie, était encore son thème favori : aussi le même numéro contenait-il, à côté de la désignation de l'*Assommoir*, d'un bouge, celle du bureau de recrutement comme lieu à détruire par la dynamite pour les adeptes de l'anarchie (1). — L'auteur de ces articles, — auteur non contesté — était un jeune homme de vingt ans, fils d'honnêtes tisseurs de la Croix-Rousse, égaré par les lubies anarchistes, Cyvoct.

Or, dans l'une des premières nuits du mois d'octobre 1882, un engin chargé de dynamite éclatait à l'*Assommoir* et, sous prétexte de châtier les *bourgeois*, blessait deux ouvriers et en tuait un troisième, l'infortuné Miodre, jeune homme d'une vingtaine d'années. La nuit suivante, une autre bombe de dynamite éclatait contre le mur de la maisonnette isolée, placée sur les bords du Rhône, sur le quai de la Vitrio-

(1) Il est à remarquer que ce sont surtout les jeunes gens sur le point de tirer au sort qui, parmi les anarchistes, clament contre le service militaire et contre l'idée de la patrie. Ces insultes à cette grande entité morale, la patrie, dont nous avons le culte, ne réussissent, du reste, pas aux anarchistes : le 2 octobre 1892, par exemple, à Voiron (Isère), le *compagnon* Auffret, jeune homme d'une vingtaine d'années, ayant touché cette question dans une réunion publique, a vu la foule le menacer et a dû fuir sa violente colère.

lerie, et servant de bureau de recrutement. La première bombe, destinée à frapper de paisibles buveurs, était remplie de morceaux de fer et de plomb faisant mitraille ; la seconde, destinée à faire sauter une maison inhabitée, ne contenait que de la poudre explosive.

Les deux monuments visés étaient ceux indiqués le 18 mars précédent par l'article du *Droit social* ; d'une voix unanime, l'opinion publique signala comme l'auteur de ce double forfait Cyvoct, lequel venait de disparaître de Lyon.

La terreur qui régna à la suite des deux attentats, dans la ville, fut indescriptible : les lieux de réunion furent universellement désertés et les théâtres auraient pu fermer leurs portes, nul spectateur n'osant plus y pénétrer.

La colère était surtout violente dans les quartiers ouvriers, où, sans nul doute, on eût lynché les auteurs de l'attentat, si on eût pu les saisir.

C'est alors que le gouvernement, — à tort ou à raison, je n'apprécie pas, je constate, — après avoir changé, d'un seul coup, préfet, pro-

cureur général et procureur de la République,
pour rétablir la tranquillité dans les esprits,
résolut d'agir énergiquement et, en une nuit,
fit arrêter Gautier à Paris, Kropotkine à Thonon, et tous les anarchistes connus à Lyon,
Villefranche, Saint-Etienne et Vienne, les in-
culpant d'infraction à la loi de 1872 sur l'Internationale.

IV

Des péripéties de ce procès, qui aboutit à
une série de condamnations, — dont quelques-
unes s'élevèrent jusqu'à cinq ans d'emprison-
nement, — d'abord devant le tribunal correctionnel de Lyon, devant lequel M. le procureur
Regnault porta éloquemment la parole, et
ensuite, malgré une émouvante défense de
Gautier et un très remarquable réquisitoire de
M. le procureur général Fabreguettes, dont
j'ai eu l'honneur d'être le substitut, devant la
Cour d'assises de cette ville, de ces débats

émouvants, nous n'avons point à parler ici,
— cela nous entraînerait trop loin : tout ce que
nous voulons en retenir, ce sont les révélations
qui ont été faites sur les théories et les doctrines anarchistes ainsi que la physionomie des
adeptes du parti.

Ces adeptes, pour le plus grand nombre,
présentaient tous les caractères physiques de
l'être disgracié par la nature, de l'être primitif
égaré au milieu de la civilisation moderne ;
pour la plupart, ils reproduisaient assez exacte-
ment le type tracé par l'école anthropologiste
du criminel-né : difformes, le front fuyant, les
mains efféminées, ils semblaient, aux yeux de
tous, aussi mal équilibrés de corps que d'esprit. Beaucoup avaient des infirmités physiques.

Parmi eux, du reste, des catégories très
diverses d'individus : des mystiques rêveurs,
des naïfs ignorants, des malfaiteurs de droit
commun.

Des naïfs d'abord, des hommes qui s'étaient
laissé séduire par la parole plus ou moins

ardente des apôtres de l'anarchie, et qui, la condamnation prononcée, implorèrent la clémence du chef de l'État en déclarant qu'ils s'étaient laissé embrigader dans les sections de la Fédération, sans connaître ni son but ni ses doctrines (1).

A côté, quelques jeunes gens, plus ou moins écervelés, très étonnés de voir que leur plaisanterie tournait ainsi au tragique et que les pouvoirs publics prenaient au sérieux leur conspiration.

---

(1) Il ne faut jamais excommunier un parti quel qu'il soit ; parmi les anarchistes il peut y avoir de très honnêtes gens, bons pères de famille : ceux-là savent peu ce qu'est l'anarchie ; non seulement, ils n'appliqueraient jamais ses principes criminels, mais encore ils en ont horreur.

Ce sont des rêveurs, des utopistes, ce sont des gens qui voient avec raison que tout n'est pas pour le mieux dans le meilleur des mondes possibles et qui rêvent d'une révolution peut-être chimérique. Ce sont des anarchistes de nom ou, si l'on veut, des anarchistes d'une autre espèce que Ravachol et tous les *propagateurs par le fait*, sans aucune communauté d'idées, de principes ou même de conduite privée avec eux.

Il est à remarquer que, devant le tribunal correctionnel de Lyon et devant la cour, les anarchistes réprouvaient l'attentat du Théâtre-Bellecour. Ils prétendaient même que c'était la police qui avait placé la bombe de l'*Assommoir* !

Sur le même banc, des ouvriers qui avaient lu beaucoup sans bien comprendre ce qu'ils lisaient, faisant le plus étrange amalgame de toutes les doctrines, de vulgaires malfaiteurs de droit commun, véritables bêtes fauves. dont Ravachol a été depuis le plus bel échantillon ; enfin, les dominant tous, le fils de la plus auto-cratique des aristocraties, Kropotkine, lequel, de très bonne foi, croyait que la condition sociale des paysans de France pouvait être assimilée à celle des serfs de Russie, jugeant nos démocraties occidentales à la mesure de l'empire moscovite (1).

Et nous ne parlons pas des hommes qui, aux côtés de ceux-là, paraissaient atteints d'une véritable folie, tel que celui qui déclarait « avoir fait de l'anarchie » après avoir subi des déboires « en faisant du spiritisme ».

(1) Kropotkine racontait que, en France, les patrons pouvaient frapper impunément leurs ouvriers, je ne sais même pas s'il n'allait pas jusqu'à dire : les tuer. Où avait-il vu cela?

V

Leurs doctrines : ce n'est point les réformes
que les anarchistes réclament; pour eux,
comme pour Pie IX, dont ils se plaisent à
répéter un mot fameux : « Le suffrage universel
est le mensonge universel. » Pour eux, suivant
le cri de Bordat, l'un des inculpés de Lyon :
« Envoyer des ouvriers dans un Parlement,
« c'est agir comme une mère qui conduirait sa
« fille dans une maison de prostitution. » Ce
qu'ils demandent, c'est la révolution violente,
la révolution par le fer, par le feu ; la révolution par le crime collectif et par le crime individuel. Ils le comprennent sans peine : par le
libre jeu du suffrage universel, l'œuvre de destruction rêvée ne saurait jamais être accomplie :
dans toutes les élections ils prêchent l'abstention, essayant ainsi de masquer leur infime
minorité derrière l'indifférence coupable de
beaucoup de citoyens.

Propagande par le fait et *tactique révolutionnaire*, telles sont les deux rubriques générales sous lesquelles écrivains et orateurs anarchistes ont groupé tous les enseignements qu'ils ont généreusement prodigués à leurs adeptes.

Quelque temps avant le procès, un ouvrier de Roanne avait tenté de tuer son patron : les anarchistes avaient célébré ce forfait comme un acte louable, héroïque : « La guerre de guérillas », prévue par le *Droit social*, le 22 mai, commençait, les anarchistes se promettaient, selon les termes de leur journal, « d'inquiéter les coffres-forts » et de « toucher les personnes ».

C'est là, du reste, cette « tactique révolutionnaire » que devront suivre les *prolétaires* dans leur lutte pour la rénovation sociale.

Et brochures et journaux anarchistes d'indiquer les procédés les plus propres pour détruire les bourgeois et leurs habitations, les engins chimiques les plus redoutables pour faire sauter la vieille société.

C'est avec la stupéfaction la plus profonde

que l'on lit ces écrits, dans lesquels le grotesque
le dispute à l'odieux, où des hommes parlent
de la destruction de tout ce qui existe, de
l'anéantissement du monde actuel dans le sang
des « bourgeois » et des « exploiteurs », sous
les ruines des villes et des villages, sans que
même, dans leurs rêves, ils songent à entrevoir
l'idéal du lendemain.

Le vol, le pillage, l'incendie, tous les crimes
de droit commun, érigés en système de combat,
voilà l'anarchie! Tous ces crimes commis individuellement dans un but de lucre, de ven-
geance, chaque anarchiste devant agir comme
bon lui semble en dehors de tout plan d'action
générale, en dehors de tout chef, voilà tout à
fait les procédés et, au fond, le seul but de
l'anarchie! Ravachol, assassinant pour le voler
l'ermite de Chambles, l'ermite de Chambles
étant un « bourgeois », un « exploiteur »,
faisait au premier chef œuvre d'anarchiste.

Devant le tribunal correctionnel de Lyon, en
décembre 1882, M. le procureur de la République Regnault donnait lecture du curieux

factum suivant, lequel résumait bien toutes les théories de l'école anarchiste :

Distraire et détourner les masses ouvrières de tout ce qui est préoccupation d'ordre purement politique, en posant en principe qu'il n'y a rien à attendre de la politique et des politiciens pour l'amélioration matérielle des prolétaires ; leur conseiller, au contraire, de ne songer qu'à concentrer leurs forces, en vue de faire, sur le seul terrain économique, mais de toutes les manières et sous toutes les formes, une guerre féroce et sans pitié aux détenteurs du capital et de la propriété.

Exhorter, en conséquence, les classes laborieuses à se désintéresser de l'exercice des droits que leur assurent constitutions et réformes gouvernementales : alléguer, à l'appui de ces exhortations que, pures fictions, ces droits, liberté de la presse et des réunions publiques, inviolabilité du domicile, secret de la correspondance, etc., ne sont respectés qu'autant que le peuple n'en fait pas usage, attendu que le peuple n'a de droits que ceux qu'il a su conquérir par la violence ; s'ingénier surtout à faire partager au plus grand nombre possible d'électeurs la conviction que le suffrage universel n'est que le despotisme du nombre, c'est-à-dire un despotisme que, comme tous les autres, il faut battre en brèche, et cela, par l'agitation pendant la période électorale, d'une part, en allant, partout où le moindre noyau socialiste sera constitué, exposer dans toutes les réunions publiques les idées anarchistes, faire entrevoir la possibilité, la nécessité du communisme anti-autoritaire ; dire audacieusement les moyens que l'Internationale emploiera pour mettre son programme à exécution, puis par l'abstention au moment du vote, d'autre part, afin d'altérer et de fausser le sens et les résultats des élections : bref, en faisant tout ce qui pourra être de nature à discréditer le suffrage universel.

Critiquer et incriminer le système représentatif parlementaire, en l'accusant d'être un instrument auquel les classes dirigeantes ont eu recours pour maintenir leur pouvoir sur le peuple, un décor de théâtre derrière lequel les artisans d'intrigues politiques, conscients de leur impuissance en matière de réformes économiques, s'évertuent à perfectionner le mécanisme du despotisme industriel et financier.

Se prononcer hautement contre toutes les fonctions électives, en prétendant que, du moment où un individu se croit chargé d'un mandat, il devient autoritaire pour faire exécuter ce mandat, et que, du jour où le peuple remet sa souveraineté aux mains des délégués, quels qu'ils soient, la nature des choses implique que ces délégués ne s'en serviront que pour leur avantage personnel et ne travailleront que pour eux et les leurs.

Dénoncer, par suite, tous représentants et mandataires élus comme autant d'ennemis qu'il importe d'annihiler et de ruiner moralement en ne reculant devant aucun moyen pour déconsidérer l'homme et la position.

Honnir et conspuer surtout les députés de l'extrême gauche, les personnalités marquantes du parti radical, mais plus spécialement, entre tous, les députés ouvriers ou ceux dont la candidature a obtenu le patronage des comités ouvriers, en accusant les uns et les autres de ne transformer le prolétariat en marche-pied électoral que pour pactiser ensuite avec la bourgeoisie, et de n'avoir, en fait de convictions, que le désir de se substituer à ceux qui les ont précédés au pouvoir.

Combattre le principe d'autorité dans la personne de ceux qui le représentent.

Attaquer, dès lors, dans leur réputation de désintéressement, d'intégrité, de dévouement à la chose publique, toutes les sommités sociales, en accumulant l'injure et la calomnie contre quiconque a su s'acquérir des titres à la reconnaissance publique par un ensemble de talents exceptionnels, par la pleine lucidité d'une haute intelligence, par la prudente fermeté de sa conduite politique ou la puissante autorité de sa parole, la mâle énergie ou l'ardeur contenue de son patriotisme, l'éclat ou l'importance de ses services.

Diffamer hommes d'Etat, ministres, magistrats (y compris jurés des cours d'assises), agents du gouvernement et fonctionnaires de toute catégorie, en travestissant ignominieusement leurs intentions les plus loyales, en les taxant d'étroitesse de vues ou de mesquine ambition personnelle, en commentant, censurant, réprouvant et condamnant tous leurs actes, afin de leur enlever tout prestige, tout crédit, tout ascendant moral, et de paralyser en leurs mains le pouvoir dans l'exercice de ses droits les plus légitimes, de ses devoirs les plus impérieux.

Dénigrer, au demeurant, les institutions et les lois en les dépeignant comme autant d'artifices imaginés et combinés, grâce à la perfide connivence des gouvernants, par l'astucieuse habileté de la bourgeoisie pour se ménager une infinité de moyens de circonvenir la foule ignorante, de la dominer et surtout d'exploiter sa puissance productive.

Dépriser jusqu'aux mesures récemment adoptées pour développer l'instruction publique et pour la mettre à la portée de tous, en affectant de considérer les programmes et les subdivisions scolaires comme uniquement conçus par l'État en vue de façonner les intelligences à sa manière et d'établir entre l'enfant du pauvre et celui du riche une ligne de démarcation à l'aide d'un système d'enseignement dans lequel le premier, en allant à l'école, apprend à lire et à écrire, et n'est dressé que pour le préparer à être l'humble serviteur de toute espèce de maîtres, tandis que le second acquiert au collège des connaissances beaucoup plus étendues : d'où l'on conclut à la nécessité de réclamer que l'instruction intégrale soit universalisée et, en outre, que les enfants des travailleurs soient nourris dans les écoles pour que tout le monde ait la faculté de faire des études à tous les degrés ; mais on a, en même temps, bien soin d'ajouter que sous le régime de la propriété privée, ce progrès est irréalisable; que le peuple ne doit, par conséquent, compter que sur lui-même pour en assurer l'avènement et que c'est aux classes laborieuses à prendre des mesures appropriées à cette fin.

Démontrer, en outre, la nécessité de la révolution sociale, même au point de vue de la moralité publique, — tantôt en s'autorisant de la chronique judiciaire pour stigmatiser les mœurs de la bourgeoisie, pour l'accuser dans son ensemble de ne respecter ni la femme, ni l'enfant et lui attribuer la responsabilité collective des faits exceptionnels et monstrueux, tels que, par exemple, le scandale de Bordeaux, tantôt en excipant de procès en séparation de corps, en arguant du projet de loi sur le rétablissement du divorce pour réprouver le mariage sous prétexte qu'il ne demande sa sanction qu'aux articles du code civil et pénal, pour le qualifier d'accouplement uniquement basé sur des questions d'intérêt sordide et de convenance pécuniaire et pour le présenter comme concourant avec la fausse position de la fille sans dot à augmenter le nombre des femmes que la misère pousse à la débauche, tandis que l'on fait entrevoir, par opposition à cette définition de l'union conjugale sanctionnée par la loi, comment pratiquer, au sein d'une société renouvelée par la mise en commun de la propriété et du capital, l'union libre qui ne demande sa sanction qu'à la conscience, aurait, au contraire, pour effet de supprimer la prostitution.

Enfin, tout s'enchaînant strictement dans la logique étroite des anarchistes, et pour eux l'ennemi n'étant plus l'étranger, mais quiconque possède quelque chose, la patrie n'étant plus qu'un mot et ce mot un nonsens, décrier le service militaire comme avilissant l'homme et le citoyen ; comme détruisant en lui la conscience de son individualité ainsi que de ses actes, et le réduisant à l'état d'automate pour le plus grand avantage des gouvernants et des privilégiés qui connaissent l'art de faire de l'or avec le sang du soldat..

Et qu'on veuille bien le remarquer, il ne s'agit point là d'appréciations personnelles à des adversaires. Chaque paragraphe de ce document est la citation, présentée sous une autre forme mais sans commentaires, de discours prononcés dans les Congrès anarchistes de Londres, de Lausanne et de Genève, d'articles parus dans *le Révolté*, dans *le Droit social* et dans *la Révolution sociale*.

C'est le plan de campagne des anarchistes — plan de campagne *pacifique*, parallèle à la *tactique révolutionnaire* — exposé par les anarchistes eux-mêmes.

Et certes l'on comprend dès lors cette exclamation du procureur général dans le procès de Lyon : « L'anarchie c'est le vol ; vous êtes une « association de malfaiteurs ! »

Puis après la lutte, « la guerre d'homme à « homme, à domicile, entre *quatre-z'yeux* », qui, suivant le *Droit social*, « permettra de « satisfaire toutes les haines privées et toutes « les vengeances particulières », lorsque les « bagnes capitalistes » auront été ouverts et

les forçats libérés, l'anarchie régnera en souveraine « laissant, suivant le mot de Kropotkine,
« jouir l'individu (1) ».

Le sang versé à flots dans la plus effroyable
guerre civile qui eût jamais été, tous les édi-
fices publics devenus la proie des flammes ou
jetés à bas par la dynamite, depuis les Palais
de Justice jusqu'aux bibliothèques, les usines
détruites, les mines inondées ou incendiées, les

---

(1) C'est le dernier mot de Kropotkine dans la seule brochure qui ait fait l'exposé de la doctrine. — Les anarchistes comptent bien, au jour de la révolution, faire œuvre
de justice à leur façon : bien avant que Ravachol donnât
un échantillon de cette justice en essayant de faire sauter
MM. Benoist et Bulot, j'entendais un anarchiste condamné
dire, dans une prison, au gardien-chef et à des magistrats :
« Au jour de la Révolution, la justice sera simple ; vous avez
« été gardien-chef, vous avez été magistrat : cela suffira, au
« mur ! » Il oubliait de dire au nom de qui cette justice
sera faite. — Sorti de prison, en septembre 1892, le *compagnon*, dans une réunion publique tenue à Grenoble, se
vantait de ce propos en l'imageant et en dénaturant quelque
peu les circonstances qui l'avaient accompagné pour le
plaisir de son auditoire. — C'est toujours la même doctrine
que clamait l'anarchiste Michel Zévaco, condamné le 6 octobre 1892, par la Cour d'assises de la Seine, pour avoir dit
dans une réunion publique à Paris : « Les bourgeois nous
« tuent par la faim ; volons, tuons, dynamitons, tous les
« moyens sont bons pour nous débarrasser de cette pourri-
« ture. »

voies ferrées anéanties, tout ce qui constitue
l'état social actuel jeté dans le néant, les portes
des prisons, « bagnes capitalistes », ouvertes,
les malfaiteurs de droit commun, les vrais
héros de l'anarchie, libérés, le monde « joui-
rait » de l'état rêvé par Kropotkine et ses disciples, c'est-à-dire qu'il serait prêt à devenir le
berceau de l'état social nouveau, de la société
à renaître.

Cet état, pour trouver le pareil, il faudrait
remonter très loin dans le cours des siècles,
au delà des premières époques préhistoriques,
à l'âge de bronze ou à l'âge de pierre : les
hommes réduits à l'état de bêtes sauvages, sans
industrie et sans art, sans loi et sans gouvernement, vivant sur les immenses pâturages que
leur abandonnerait la nature généreuse. De cet
état sortirait une société nouvelle. Nous le
répétons, insensés qui ne voient pas que de
cette gestation de la nature, par suite de lois
immuables, par la force même de la liberté
combinée avec les efforts de la nature humaine,
naîtrait une société identique à celle de nos

jours, comme des forêts brûlées, par les graines
conservées sous la cendre, jaillissent des arbres
pareils à ceux qu'a ravagés le feu : seulement
l'humanité, grâce à l'anarchie, aurait à recom-
mencer la route dure et douloureuse qu'elle a
mis quatre-vingts siècles à parcourir !

Beaucoup d'anarchistes ont été condamnés
pour vol, Bordat, Ravachol, François, l'auteur
de l'explosion du café Véry, etc... Quant à
l'anarchie, ce n'est, en résumé, que la révolte
des bandits de droit commun contre la loi.

Révolte d'individus isolés, car, en vertu de
leurs propres principes, les anarchistes ne sauraient en théorie avoir ni chef, ni organisation,
ni discipline. Quelquefois, par la force même
des choses qui pousse les hommes à s'unir,
des groupements peuvent se produire, ces
groupements sont toujours sans cohésion sé-
rieuse et sans durée. Aussi ne faut-il point
croire à un plan anarchique général : il peut y
avoir des soldats se livrant individuellement à
la propagande par le fait ; il y aura probablement toujours des individus isolés commettant

seuls ou à plusieurs des crimes épouvantables,
mais pour cela ils n'ont pas besoin d'être anarchistes ; il n'y a jamais eu, il n'y a pas, il n'y
aura jamais d'armée anarchique.

VI

Les anarchistes de Lyon ont été condamnés
pour infraction à la loi sur l'Internationale; l'un
d'eux, Cyvoct, a été condamné à mort par la
Cour d'assises du Rhône, pour l'attentat du
Théâtre-Bellecour; le martyre des *compagnons*
n'a point aidé à la propagande de la doctrine
des Bordat et des Kropotkine.

Le 1er mai 1890, les anarchistes ont troublé
la paix publique dans les rues de Vienne ;
chaque fois qu'il y a eu une grève, un mouvement populaire, les anarchistes ont tenté de
profiter du mécontentement des masses ouvrières pour faire des adeptes et pousser les
foules aux excès : leurs paroles sont restées

sans écho, leur propagande a absolument
échoué. Ils ont pu compromettre quelques malheureux ouvriers égarés par la misère, et qui
les ont suivis sans même savoir où ils voulaient
les mener, — cela a été lumineusement démontré lors du procès qui s'est déroulé devant les
Assises de l'Isère à la suite des troubles de
Vienne, procès dans lequel il y avait une
quinzaine de femmes et d'ouvriers qui se décla-
raient anarchistes et ignoraient le premier mot
de la théorie anarchiste (1) ; — mais leurs prosélytes sont toujours restés dans la masse des
travailleurs à l'état de très rares exceptions. Et

(1) Ils ont été acquittés par le jury et le ministère public
avait même abandonné la prévention contre eux. — L'ora-
teur anarchiste qui avait déterminé les troubles de Vienne,
le compagnon Tennevin, indiquait « l'allumette chimique »
comme « la plus belle invention moderne au point de vue
« révolutionnaire. » Un autre anarchiste parlant du patron
à tuer, s'était écrié qu'il fallait avoir « la peau de l'animal ».
— Parmi les accusés, beaucoup étaient fort étonnés, vrai-
ment ahuris, quand ils entendaient le représentant du
ministère public, M. le procureur général Duboin, en son
éloquent réquisitoire, en août 1890, et moi-même à une
audience ultérieure, retracer le vrai programme de l'anarchie, celui des Bordat, des Kropotkine, celui que devait, plus
tard, soutenir, la dynamite à la main, Ravachol : ces malheureux égarés ne l'avaient jamais compris ainsi.

même, pour faire ces prosélytes, ils ont été
obligés de renoncer à l'intransigeance de leur
programme, à ne plus parler que d'amélioration du sort des classes ouvrières, ce en quoi
ils ne sont plus anarchistes du tout, et ce en
quoi ils se trouvent d'accord avec les adeptes
de tous les partis, avec les disciples de toutes
les écoles économiques.

C'est, en effet, une singulière audace qu'ont
les anarchistes de vouloir parler au nom des
classes laborieuses, dont ils sont les pires ennemis, et mon ami, M. le conseiller Darrigrand,
avait mille fois raison d'arrêter dans cette voie
Ravachol, devant la Cour d'assises de la Loire,
en lui disant : « Non, ne parlez pas au nom des
« travailleurs ! Vous êtes indigne de cela,
« Ravachol : vous n'êtes pas un travailleur !
« Vous n'avez plus de droit de parler qu'au
« nom des assassins !... »

On peut même dire que les anarchistes n'ont
pas eu, dans notre laborieuse démocratie, de
plus acharnés adversaires que les ouvriers et,
soit à Lyon après l'attentat du Théâtre-Belle-

cour, soit à Paris après l'attentat de la rue de Clichy, c'est dans les quartiers populaires que l'exaltation était la plus violente contre ces criminels. Et, le 1er mai 1892, les travailleurs ont évité toute manifestation pour ne point donner un prétexte aux anarchistes pour troubler la paix publique.

Sans doute, devant l'effroyable misère du moyen âge, sous la lourde et horrible tyrannie des seigneurs et du clergé, des bandes de malheureux, las de persécutions, hâves de faim et de privations, pouvaient se soulever par centaines de mille et se ruer en leur légitime colère contre les châteaux, passer le fer et le feu de la *Jacquerie* pour faire œuvre de destruction vengeresse ; sans doute, sur le sol d'Irlande, où un peuple est épuisé depuis de longs siècles par l'exploitation ruineuse des landlords venus d'au delà du canal Saint-Georges, les *fenians* peuvent trouver de nombreux poignards pour frapper ; sans doute, dans les immenses plaines du Dniéper et du Volga, le *terrorisme* né du pesant despotisme d'un autocrate, des abus des seigneurs et des fonctionnaires, de l'arbitraire violant sans respect tous les droits, sans doute, le *terrorisme* peut armer de nombreux bras et, à chaque pas, placer des exécuteurs de ses terribles sentences ; sans doute, en Autriche et en Allemagne, où les foules innombrables, affamées, servent à maintenir la scandaleuse richesse d'une aristocratie privilégiée, les théories révolutionnaires peuvent enrôler en masse des soldats ; sans doute, au delà des Pyrénées, dans un pays de grande propriété, dans un pays où les couvents épuisent les économies de tout un peuple, et anémient son sang, la *Main Noire*, l'anarchie, soulèvent comme en vagues bruyantes les foules désespérées par la misère ; mais, sur notre sol de France, où les petits propriétaires sont la majorité, dans notre République démocratique où règne la loi, où chaque citoyen par son bulletin de vote est maître des destinées de la patrie, dans notre pays de liberté, d'égalité, de fraternité, jamais l'anarchie ne fera école, jamais elle n'entraînera sous les plis de son drapeau noir, de son drapeau de deuil, un peuple qui veut travailler, vivre et grandir.

Elle rencontrera pour servir sa rage malfaisante quelques bandits dangereux, qui, à eux seuls, avec une bombe et une torche, pourront déterminer de terribles catastrophes ; elle ne trouvera jamais d'armée.

L'anarchie ne trouverait des adeptes que le jour où la démocratie, dans un moment d'affolement, livrerait ses destinées à une caste théocratique, à un César, à une aristocratie ploutocratique ; elle ne trouverait des soldats que le jour où la démocratie abdiquerait, renoncerait à ses droits et à sa liberté pour élever un autocrate sur le pavois ou pour constituer une oligarchie religieuse ou financière.

Mais ce jour ne viendra jamais ; quels que soient les efforts des partis rétrogrades, la démocratie française restera la maîtresse de ses destinées ; elle continuera à grandir pour améliorer le sort de tous, pour, au grand soleil de la liberté, amener, selon le mot de Bastiat, tous les hommes vers un niveau de plus en

plus égal d'intelligence, de moralité, de bien-
être, en même temps que pour élever sans cesse
ce niveau.

Non, ce n'est point sur le sol de la République française, en notre pays de liberté,
d'égalité, de suffrage universel, que la révolution violente, qui, demain peut-être, renversera
les trônes au delà de nos frontières, prendra
naissance ; non, jamais les attentats de quelques
criminels ne parviendront à tuer la liberté.

Non, ce n'est point sur le sol de France, dans
notre République, que naîtra jamais la tour-
mente qui, suivant les rêves insensés de l'anarchie, détruirait l'œuvre de la civilisation
moderne, laissant à l'humanité future la dou-
leur de pleurer devant les ruines amoncelées
par elle, de répandre plus de larmes que nous
n'en versons devant les pertes irréparables des
civilisations antiques brûlées et dévastées par
l'invasion turque, foulées aux pieds par les che-
vaux des Huns, anéanties par les hordes des
Barbares !

Non, ce n'est point sur notre terre nationale

que le bandit cosmopolite, que le romancier nous montre « allant, de son air tranquille, à « l'extermination, partout où il y a de la dyna- « mite, pour faire sauter les villes et les hom- « mes », ce n'est point sur notre terre que ce bandit « pourra faire éclater le pavé des rues » (1).

Il ne pourra le faire éclater parce que, en sa marche incessante vers le progrès, la démocratie républicaine va au devant des réformes, et que, chaque jour, elle s'efforcera davantage de donner satisfaction aux légitimes revendications des plus déshérités de ses enfants, de façon à ce que jamais ne sonne à ses oreilles ce mot fatal de toutes les tourmentes révolutionnaires : « Il est trop tard ! »

Ce qu'il appartient à notre démocratie républicaine d'accomplir, c'est de travailler sans cesse à l'amélioration du sort de tous, à la diminution de la misère, à l'élévation constante du niveau intellectuel et moral de tous les

(1) Emile Zola. — *Germinal*, p. 536. Charpentier, édit. Paris, 1886.

citoyens comme à l'accroissement de leur bien-
être matériel. Ce devoir, la démocratie républicaine l'a compris : elle n'a pas attendu que
Ravachol lui dise, avec une cynique effronterie,
« qu'il n'y avait point de criminels, mais des
« causes du crime à détruire, » ni qu'il l'invite
« au lieu de le frapper à employer son intelli-
« gence et ses forces à transformer la so-
« ciété » (2).

Si la démocratie, par la main de ses magistrats qui, dans l'accomplissement de leur
mission, dans l'œuvre de défense sociale, n'ont
jamais reculé et ne reculeront jamais devant
les menaces, devant le revolver ou devant la
dynamite, si la démocratie a frappé énergiquement les criminels qui troublaient la paix
publique, si elle est résolue à les frapper encore,
depuis longtemps elle a considéré l'accomplissement des réformes sociales comme le plus
impérieux de ses devoirs : ce n'est pas en vain
qu'elle a pris pour devise ces trois mots qui

(2) Défense écrite de Ravachol devant la Cour d'assises
de la Loire.

sont et resteront son sublime programme : *Liberté, Egalité, Fraternité.*

Ces idées sont bien toujours celles du parti anarchiste. Hier, le petit journal de Grenoble (*La Vie grenobloise*, numéro du 16 octobre 1892) publiait un interwiew du *compagnon* Tennevin, sortant de prison, dans lequel le dit compagnon s'exprimait ainsi, parlant du jour de la révolution sociale : « (la rénovation) n'est « possible que si dans la période révolutionnaire nous « avons bien déblayé le terrain et exécuté la plus « grande partie de ceux que leur fortune et leur position « sociale attachent à la société actuelle par des liens, « des habitudes que rien ne pourrait briser.

« — Mais enfin, il y a de bons riches !

« — D'accord, je pense même qu'il y en a plus qu'on « ne le croit généralement, il y a même des patrons « animés de bons sentiments pour leurs ouvriers. Eh « bien, quelque épouvantable que ça vous paraisse, le « bon riche et le bon patron sont plus nuisibles que les « mauvais et c'est ceux-là que nous fusillerons les pre- « miers. En effet, le mauvais riche sème la haine autour « de lui, tandis que le bon sert aux naïfs à excuser la « richesse et le patronat ! »

Ces gens-là en sont encore à croire que, dans notre société démocratique, il y a deux classes séparées par un abîme infranchissable, celle des patrons et celle des ouvriers ! Quant à la foule des petits patrons, des petits propriétaires, des laborieux qui, chaque jour, d'ouvriers deviennent patrons, quant à cette foule qui forme tout à la fois la majorité et la force vive de notre démocratie, les anarchistes la passent sous complet silence !

LE CRIME ANARCHISTE

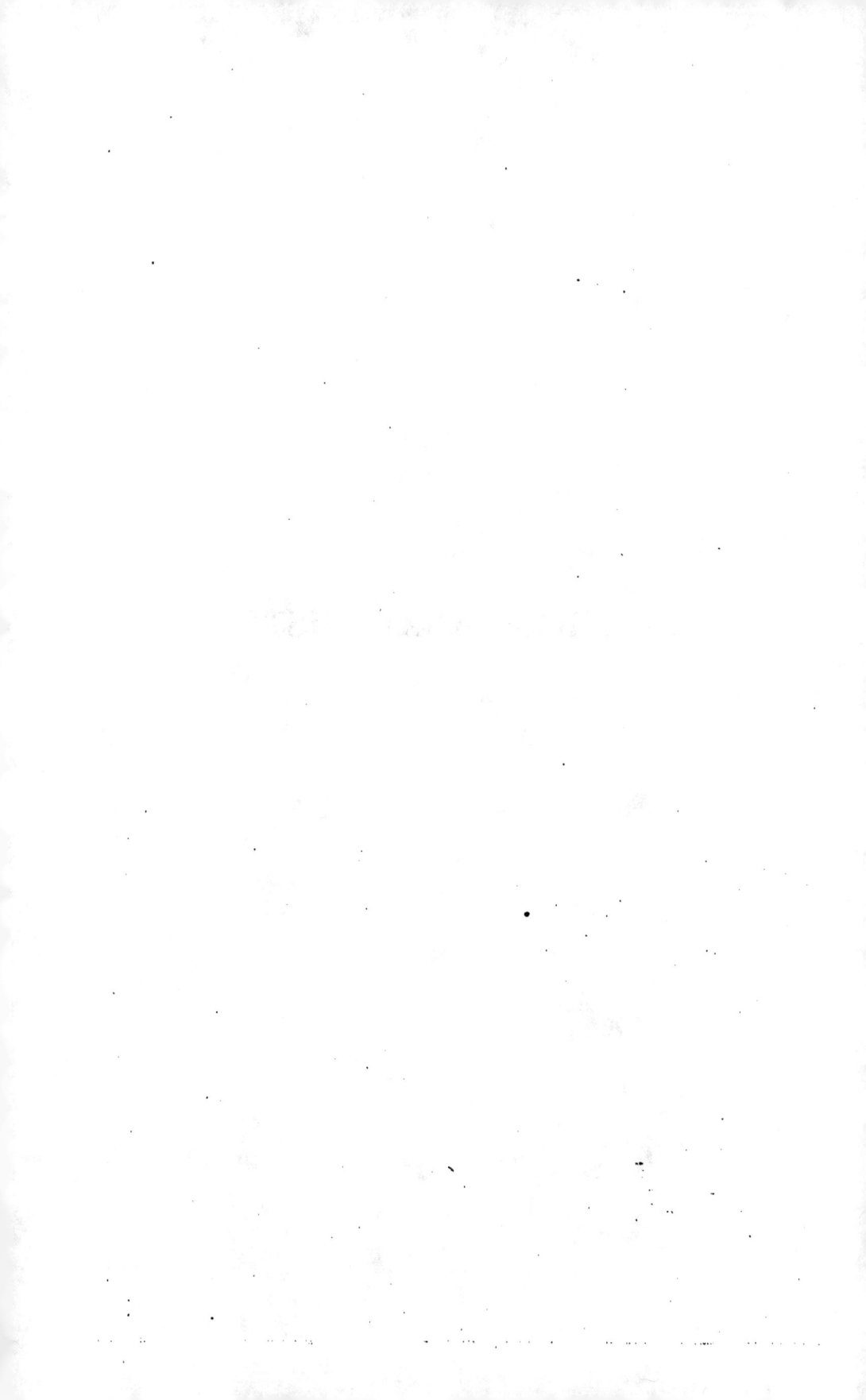

LE
CRIME ANARCHISTE [1]

Les hasards de ma carrière judiciaire et de
ma vie publique m'ont depuis douze ans placé
à des titres divers en face des anarchistes, en
face de leur théorie : à Lyon, à Grenoble, magistrat, j'ai eu à les poursuivre, à requérir contre
eux ; député, à peine arrivé au Palais-Bourbon,
j'ai eu à subir les éclats de la bombe de Vaillant.

Il n'y a pas à s'occuper de quelques fantai-
sistes, *bourgeois* au suprême degré, sceptiques
des boulevards, qui font de l'anarchie comme
d'autres font de l'incohérence en matière artis-
tique, gens qui demandent la célébrité à la
bizarrerie de leurs fantaisies et qui estiment que
le paradoxe doit être placé au-dessus de la rai-

(1) Publié par la *Revue des Revues* en 1894.

son. Ceux-là n'ont rien à faire dans l'anarchie ; ils font des phrases quelquefois bien ciselées ; ils ne font ni philosophie, ni sociologie.

Il n'y a pas à s'occuper davantage de pauvres ignorants égarés par la misère, qui se déclarent anarchistes sans même savoir ce qu'il y a derrière le mot d'anarchie, tels par exemple ces malheureux tisseurs viennois, qui, en mai 1890, s'étaient laissé entraîner à des troubles de la rue par deux ou trois meneurs et qui, devant la cour d'assises de l'Isère, bornaient leurs revendications *anarchistes* à la très juste réclamation d'une heure de repos pour les ouvrières afin que, au milieu de la journée de travail, elles pussent déjeuner en dehors de l'atelier.

Enfin, il y a à creuser un abîme profond entre tous les partis politiques, quels qu'ils soient, et l'anarchie. Ici, nous ne voulons point faire de politique ; mais, il faut bien le constater, les seuls partis qui puissent avoir des attaches avec la secte anarchiste, ce sont ceux-là même qui sont les plus hostiles aux idées de progrès, de démocratie et de liberté, parce que ceux-là seuls, pour la défense de leurs principes de réaction et d'autoritarisme, pour établir le régime du sabre, ont besoin d'agiter le spectre sauvage de l'anarchie, comme au temps héroïque de 1848, ils agitaient, pour préparer l'expédition de Rome et le 2 décembre, le spectre rouge. En 1882, alors que nul ne lisait, en France, *le Révolté*, que, sur les rives du Léman, rédigeait Kropotkine, alors que, dans la région lyonnaise, il n'y avait pas cinquante *compagnons* abonnés au *Droit social*, la première feuille anarchiste imprimée en notre pays, les journaux conservateurs de Lyon étaient les seuls — pour effrayer le *bon bourgeois* — à reproduire les élucubrations malsaines de ces feuilles odieuses. La bombe de Vaillant, s'il est permis à un député de gauche d'en parler, ce n'est pas la cause progressiste, ce n'est pas la cause radicale, ce n'est pas la cause socialiste qu'elle a servies! La bombe, elle leur a fait un mal peut-être irréparable! Du reste, les anarchistes n'ont jamais caché leur haine toute particulière contre les représentants du parti républicain,

du parti radical ou du parti socialiste : en 1882,
lorsqu'une centaine d'affiliés à leurs groupes
furent poursuivis devant le tribunal correctionnel de Lyon, M. le procureur de la République Regnault, qui occupait le siège du ministère public, citait ces lignes typiques, que nous
avons déjà reproduites, de brochures et de journaux anarchistes, développant le programme de
la secte, exposant son système de propagande,
donnant aux adeptes des conseils :

Distraire et détourner les masses ouvrières de tout ce
qui est préoccupation d'ordre purement politique, en
posant en principe qu'il n'y a rien à attendre de la
politique et des politiciens pour l'amélioration matérielle des prolétaires... Exhorter, en conséquence, les
classes laborieuses à se désintéresser de l'exercice des
droits que leur assurent constitutions et réformes gouvernementales ; alléguer à l'appui de ces exhortations,
que, pures fictions, ces droits, liberté de la presse et
des réunions publiques, inviolabilité du domicile, secret
de la correspondance, etc., ne sont respectés qu'autant
que le peuple n'en fait pas usage, attendu que le peuple
n'a de droits que ceux qu'il a su conquérir par la violence; s'ingénier surtout à faire partager au plus grand
nombre possible d'électeurs la conviction que le suffrage
universel n'est que le despotisme du nombre, c'est-à-

dire un despotisme que, comme tous les autres, il faut battre en brèche... Par l'abstention au moment du vote, altérer et fausser le sens et les résultats des élections; bref, faire tout ce qui pourra être de nature à discréditer le suffrage universel. Critiquer et incriminer le système représentatif parlementaire, en l'accusant d'être un instrument auquel les classes dirigeantes ont eu recours pour maintenir leur pouvoir sur le peuple, un décor de théâtre derrière lequel les artisans d'intrigues politiques, conscients de leur impuissance en matière de réformes économiques, s'évertuent à perfectionner le mécanisme du despotisme industriel et financier. Se prononcer hautement contre toutes les fonctions électives, en prétendant que, du moment où un individu se croit chargé d'un mandat, il devient autoritaire pour faire exécuter ce mandat et que, du jour où le peuple remet sa souveraineté aux mains de délégués, quels qu'ils soient, la nature des choses implique que ces délégués ne s'en serviront que pour leur avantage personnel et ne travailleront que pour eux et les leurs. Dénoncer, par suite, tous représentants et mandataires élus comme autant d'ennemis, qu'il importe d'annihiler et de ruiner moralement en ne reculant devant aucun moyen pour déconsidérer l'homme et la position. Honnir et conspuer surtout les députés de l'extrême gauche, les personnalités marquantes du parti radical, mais plus spécialement, entre tous, les députés ouvriers ou ceux dont la candidature a obtenu le patronage des comités ouvriers, en accusant les uns et les autres de ne transformer le prolétariat en marchepied électoral que pour pactiser ensuite avec la bourgeoisie.

Guerre au régime représentatif, c'est le despotisme qui favorise le mieux le développement de la théorie anarchiste ; guerre au radicalisme, guerre au socialisme, c'est-à-dire guerre aux réformes, qui diminueraient le nombre des malheureux, guériraient les plaies sociales, désarmeraient les égarés de la faim et de la misère, empêcheraient le recrutement de la fauve armée de l'anarchie. Ailleurs, les anarchistes l'ont écrit : les ouvriers qui envoient quelqu'un des leurs au Parlement agissent comme une mère qui enverrait sa fille dans une maison de prostitution.

Une autre idée — encore politique celle-là — à écarter ; les hommes des vieux partis monarchiques et cléricaux — sans même songer aux anarchistes des pays monarchiques d'Espagne et d'Italie, aux terroristes de l'empire russe — ont accusé la République d'avoir développé les théories anarchiques en écartant l'instruction religieuse de l'école, en établissant la neutralité et la laïcité de l'enseignement public. Folie ou mauvaise foi ! On oublie deux choses, c'est que

Cyvoct, celui qui, en 1883, a été condamné par la Cour d'assises du Rhône à l'occasion de l'attentat à la dynamite commis au théâtre Bellecour à Lyon, quelques jours avant le crime, appartenait encore à un cercle catholique et que Vaillant est un élève des frères de la Doctrine chrétienne. Du reste, les anarchistes n'ont cessé de protester contre ces lois salutaires relatives à l'enseignement gratuit, laïque et obligatoire, qui, en développant l'instruction dans les masses populaires, s'opposait par cela même à la propagande des thèses insensées et criminelles de l'anarchie : dans ce même *factum*, dont plus haut nous citons des fragments, nous trouvons ces lignes extrêmement typiques : « Dépriser les mesures récemment adoptées (on était en 1882 et le vote des lois scolaires était récent) pour développer l'instruction publique et pour la mettre à la portée de tous, en affectant de considérer les programmes et les établissements scolaires comme civiquement conçus par l'Etat en vue de façonner les intelligences à sa manière. »

Bien entendu la patrie n'existe pas plus pour l'anarchiste que la République et la démocratie et le *factum* déjà cité nous le montre nettement : « La patrie n'est qu'un mot et ce mot est un non-sens. Il faut décrire le service militaire comme avilissant l'homme et le citoyen, comme détruisant en lui la conscience de son individualité ainsi que de ses actes, et le réduisant à l'état d'automate pour le plus grand avantage des gouvernants et des privilégiés qui connaissent l'art de faire de l'or avec le sang du soldat. »

Aussi l'article du *Droit social* du 18 mars 1882, qui indiqua nominativement le premier acte de la *propagande par le fait* à accomplir, désigna-t-il tout à la fois le Théâtre-Bellecour, ses sous-sols, lieu de débauche des *bourgeois*, et le bureau de recrutement sur les rives du Rhône à Lyon ; et, au mois d'octobre suivant, à vingt-quatre heures de distance, une bombe tuait un malheureux ouvrier, l'infortuné Miodre, dans les sous-sols du Théâtre-Bellecour et une explosion ébranlait jusque dans ses fondements la maison qui contenait tous les registres du recrutement du 14ᵉ corps d'armée!

Ces considérations politiques faites, ceci étant bien établi que les anarchistes n'ont de rapports avec aucun parti politique, avec les radicaux et avec les socialistes moins qu'avec personne, que sont les anarchistes? M. le procureur général Fabreguettes, lors des débats devant la Cour d'appel de Lyon, en février 1883, a répondu, et sa réponse est toujours mathématiquement exacte : « L'anarchie, c'est le vol ; vous êtes, disait-il aux prévenus, une association de malfaiteurs! »

L'anarchie, ce n'est qu'un manteau politique et sociologique dont essayent de s'affubler les malfaiteurs de droit commun. Sans doute, il y a des égarés, des fous parmi eux; mais les *agissants*, les vrais anarchistes, les agents de la *propagande par le fait*, ceux qui de la théorie spéculative passent à l'action effective, ceux qui ont la vraie foi, la foi qui agit, ils appartiennent à la catégorie des repris de justice : consultez les casiers des Ravachol et des Vaillant, ils·ont été condamnés pour vol ; consultez ceux des Bordat, des François et de vingt autres et vous ferez la même constatation. Du reste, dans leurs écrits, dans leurs brochures et leurs journaux, dans les bibles du parti, ils prêchent cyniquement l'assassinat individuel, le vol individuel, le déchaînement de toutes les passions criminelles, « la guerre d'homme à homme, entre *quatre-z'-yeux* », qui, suivant le mot du *Droit social*, permettra de « satisfaire toutes les haines privées et toutes les vengeances particulières » ; il faut, disait encore le *Droit social,* « inquiéter les coffres-forts » et « toucher aux personnes ». Selon le programme, le premier acte de la grande révolution espérée sera d'ouvrir les « bagnes capitalistes », c'est-à-dire les prisons, pour lancer les bandits, les voleurs, les assassins, les escarpes, en un rut furieux de bêtes déchaînées, sur la société.

N'est-ce pas là, en définitive, toute la théorie anarchiste? Il n'y en a pas d'autre. Faire le mal pour le mal, détruire pour détruire sans savoir ce que l'on mettra à la place de ce qui aura été

renversé, sans se préoccuper de ce qui sera
élevé sur les ruines amoncelées de la société
moderne anéantie, voilà le résumé de cette
doctrine monstrueuse : c'est la théorie de la bête
fauve âpre au carnage.

C'est là en effet ce qu'il y a d'étrange dans
l'anarchisme, c'est que ses adeptes ne se préoccupent nullement de l'idéal à atteindre, de
la société future à reconstituer, du bonheur
à conquérir pour l'humanité de demain ; c'est là
ce qui le différencie profondément, complètement, de toutes les utopies socialistes comme
de toutes les conceptions religieuses : Icarie,
Salente, phalanstère, République de Platon,
mythes fous et généreux, vous étiez des conceptions d'esprit se perdant dans le bleu vague de
l'imagination, il n'y a pas de rêve anarchique
à placer à vos côtés ; vous, inquisiteurs d'Espagne, bourreaux du Saint-Office, assassins
de la Saint-Barthélemy, dragons de Villars, —
vous amonceliez les bûchers, vous égorgiez
en masse dans votre rage, mais, si vous versiez
le sang à flots, vos crimes avaient au moins

pour excuse le vain prétexte de créer une société religieuse unitaire, idéale, gouvernée despotiquement par les prêtres : les anarchistes n'invoquent même pas l'excuse des moines sanglants, des Dominique et des Torquemada!

Détruire pour détruire, tuer pour tuer.

Lorsque les *révolutionnaires dynamitisants* auront tout détruit, incendié les villes, brisé les machines, renversé les usines, semé partout le deuil et la mort, lorsqu'ils auront transporté la méthode de la table rase de Descartes dans la réalité de l'ordre social, que feront-ils? Ils ne songent pas à reconstruire comme l'illustre penseur; ils s'en fient aux seules forces de la nature; réglementer la société de l'après-demain du cataclysme déchaîné par leurs mains, ils n'y ont jamais songé. Leur pensée ne va pas plus loin que la destruction des villes et des cités et que l'amoncellement des cadavres des *bourgeois :* la haine sauvage et la rage furieuse, il n'y a rien autre au fond de leurs folles théories. Et, quand dans un cataclysme plus épouvantable que celui déterminé par l'invasion des

Barbares au iv° siècle, la civilisation moderne tout entière aurait péri, le lent et pénible travail de l'humanité de douze siècles s'engloutissant sous les ruines, les insensés ne voient pas que, en vertu de lois sociales et économiques immuables, au lendemain même de ces catastrophes sans nom, la nature ferait renaître des cendres amoncelées par cette révolution dévastatrice une société identique à celle qui aurait été détruite : seulement, l'humanité serait obligée de revivre tous les siècles qu'elle a vécus; seulement, l'humanité serait contrainte de porter à nouveau le douloureux fardeau des âges de la barbarie, de la force souveraine et du droit méconnu, de souffrir à nouveau le long martyre des époques théocratiques et despotiques, privée de ses droits et de sa liberté! Insensés, la révolution que vous rêvez, si elle pouvait accomplir victorieusement ses forfaits, elle n'aurait d'autre résultat que de renouveler pour de longs âges le règne des tyrans et l'esclavage des foules innombrables! Kropotkine, le premier théoricien de la cause, le premier

apôtre de la secte, a résumé, quant à lui, la
situation de l'homme au lendemain de la révolution sociale, c'est celle de la brute : « laisser
jouir l'individu ».

Kropotkine a écrit cette ligne qui peut passer
pour philosophique, mais c'est une ligne perdue
au milieu de tous les libelles anarchistes : par-
courez-les ces libelles, parcourez brochures et
journaux et vous n'y trouverez qu'injures,
appel au pillage, au vol, à l'assassinat : dans
livres et feuilles on prêche le crime, la destruction sauvage, on ne dit pas ce que l'on fera
ensuite.

Du reste, si l'on met de côté des misérables,
qui se contentent de gagner de l'argent en ven-
dant les feuilles malpropres déversant ces
ordurières provocations et qui sont parfaitement incapables, dans leur scepticisme, de
réaliser eux-mêmes leurs appels au crime, si
l'on excepte les quelques douzaines de toqués
et d'égarés sincères qui, sur notre sol national,
ont, dans leur ignorance, laissé la folie anarchiste s'implanter dans leur cerveau mal équi-

libré, et qui seraient parfaitement incapables de commettre un forfait, voyez quels sont les adeptes de la *propagande par le fait*, regardez ceux qui ont appliqué la théorie anarchiste dans les faits : tous des repris de justice, tous des criminels de droit commun ; tous, un seul excepté, Cyvoct.

Jeune exalté de vingt ans, Cyvoct avait passé en un instant du mysticisme religieux du cercle catholique à l'anarchie ; il avait en lui l'âme froide, sanguinaire que portèrent tous les inquisiteurs : jamais il n'eût hésité à verser le sang des autres pour sa foi, foi catholique ou foi anarchique. Cyvoct est un type à part dans l'anarchie ; il rentre plutôt dans la catégorie des criminels qu'on a appelés les régicides, de ceux qui, follement poussés par leur passion politique ou religieuse, ont frappé leurs semblables, Ravaillac, Jean Châtel, Charlotte Corday, Nobiling, Fieschi, Orsini, etc... Du reste, tous les anarchistes traduits devant les tribunaux de Lyon en 1882 ont été unanimes à répudier et Cyvoct et son crime.

Ravachol et Vaillant, voilà les deux apôtres agissants de la théorie anarchique ; voilà les deux martyrs de la cause, ceux pour lesquels les *compagnons* se sont enflammés, les deux martyrs vénérés, ceux que l'on venge : pour Ravachol on a fait l'explosion du café Véry ; qui sait, la tête de Vaillant étant tombée, si les compagnons ne chercheront pas à le venger aussi?

Que sont Ravachol et Vaillant? Des malfaiteurs de droit commun, pas autre chose; tous deux ont subi des condamnations antérieures pour vols; tous deux se sont contentés de mettre à profit, pour l'accomplissement de leurs forfaits, les progrès de la science chimique : l'assassin s'est d'abord servi du bâton, puis de la hache et du couteau, ensuite — marchant avec la science — du poison, du fusil, du revolver; Ravachol et Vaillant, faisant tourner au mal les découvertes modernes, se sont servi de la dynamite et de la poudre verte. Il n'y a nulle autre différence. Si, suivant la légende biblique, Ravachol et Vaillant ont usé d'autres

armes que Caïn égorgeant Abel, ils ont agi
sous l'impulsion des mêmes, éternelles et
monstrueuses passions de la bête humaine.
Conformément aux théories de l'anarchie, qu'il a
appliquées mieux que personne ne les appliquera
jamais, Ravachol a couvert ses attentats de
droit commun d'une loque de prétendues doctrines sociales : s'il a tué quelques infortunés,
des vieilles femmes, des sexagénaires inoffensifs, c'est, comme il l'a déclaré avec un rare
cynisme et une logique plus étonnante encore,
pour donner du pain à ceux qui n'en avaient
pas, ceux-là étaient lui et sa famille; s'il a violé
un tombeau, fouillant, en un épouvantable
attentat, les chairs en putréfaction d'un cadavre,
c'est pour secourir avec les bijoux qu'il croyait
enfermés dans le cercueil ceux qui avaient
faim! Aux temps antérieurs, les brigands
féodaux, les seigneurs, hauts barons et autres,
volaient et tuaient en invoquant carrément le
droit du plus fort, le vrai droit du moyen âge;
lui, Ravachol, en notre siècle de fraternité
humaine, de socialisme humanitaire, il invoque,

pour tuer et voler, le droit moderne, les idées de solidarité qu'il commente à sa façon! Mais, au fond, c'est bien toujours la même bête fauve, incapable de travailler, aux appétits rapaces et sanguinaires, la même brute que, à travers tous les siècles, on retrouve dans tous les bandits! S'il a tué, c'est pour voler; et s'il a tué pour voler, c'est qu'il trouvait trop difficile, trop pénible de conquérir son pain par le labeur quotidien ; lui-même, il l'a avoué cyniquement, à Montbrison, devant le jury de la Loire ; paresse et envie, tels ont été les seuls et uniques mobiles. C'est la brute, qui sommeille au fond de tout être humain que n'a pas développé la civilisation, c'est la brute que n'a pas étouffée la raison, c'est la brute qui a agi en Ravachol comme en tous les criminels.

Il n'en est pas autrement chez Vaillant qui, lui aussi, a été voleur, qui, lui, a volé de l'argent aux uns, sa femme à l'autre, son ami, chez Vaillant qui, lui aussi, a la sauvage envie de la fortune, qui *rage* de ne pas être riche, puissant, célèbre. Célèbre surtout! Le fou désir de conquérir la gloire, que sa médiocre intelligence ne lui permet pas d'atteindre par des moyens légitimes et normaux, sera le dernier mobile, le mobile déterminant de son crime. Ravachol, c'est la richesse surtout qu'il veut gagner, Vaillant, c'est la gloire : tous deux sont des envieux et des aigris, tous deux sont des sots follement orgueilleux, mais l'un est surtout un rapace, l'autre surtout un vaniteux. Vaillant a lu et mal lu — comme beaucoup d'anarchistes — des livres de philosophie et d'économie politique qu'il n'a pas compris ; et, la tête bourrée de phrases qui n'ont aucun sens à son esprit, la tête pleine de nuageuses conceptions, il se croit appelé à révolutionner la société, à la transformer. Ne pouvant y parvenir par le livre qu'il songe à écrire, mais pour lequel il finit par reconnaître qu'il ne peut tenir la plume, il cherche à atteindre ses fins grâce à une bombe beaucoup plus retentissante.(?) Sa préoccupation de gloriole est telle qu'il a bien soin d'aller se faire photographier avant d'accomplir son crime afin de laisser ses traits

à la postérité et que, arrêté, en prison, sa
première question est pour demander si les
journaux illustrés ont reproduit cette photo‑
graphie : c'est un tréteau qu'il cherche, c'est
une triste célébrité qu'il veut conquérir : en
lui, il n'y a rien autre, l'anarchie n'est qu'un
prétexte, la vanité personnelle est seule en
cause. Comme pour Ravachol, c'est l'éternel
bête humaine qui agit. Erostrate incendiait le
temple de Diane à Ephèse avec une torche;
Vaillant lance une bombe dans l'enceinte du
Palais-Bourbon : la science a marché et le
crime a usé de ses découvertes, mais la crimi-
minalité est restée la même, les mobiles de
l'âme sont restés les mêmes; Vaillant, comme
Erostrate, n'a voulu que léguer son nom aux
âges futurs; Vaillant, comme Erostrate, n'est
que l'agent criminel du fol orgueil, de la sotte
vanité. Comme pour Ravachol, l'anarchie n'est
qu'un mot qui dissimule mal l'effroyable chan-
cre qui ronge l'âme du criminel.

Vaillant, Ravachol, des idéalistes, des pen-
seurs, des apôtres! Allons donc! de vulgaires

bandits, des envieux, des paresseux, des vaniteux, pas autre chose.

Et c'est bien pour cela, c'est bien parce qu'ils
ne représentent ni idée philosophique, ni pensée politique, qu'ils ne feront point école. C'est
bien pour cela qu'eux et leurs pareils ils
resteront à l'état d'isolés, de criminels individuels.

Du reste, soyez-en bien convaincus, les idées
anarchistes ne pénétreront jamais dans les
masses populaires de notre démocratie si laborieuse, si profondément imbue des idées de justice et d'honnêteté.

A mesure que l'instruction se répandra
davantage, les folies anarchistes s'évanouiront
de plus en plus comme les ténèbres s'effacent
devant la lumière : l'instruction, elle, dissipera
peu à peu les utopies, les préjugés, les mensonges, les rêves fous de l'imagination. Et c'est
bien pour cela que les anarchistes sont hostiles
à tout développement de l'enseignement populaire.

D'un autre côté, le gouvernement démocratique, soucieux de sa haute mission, accomplira
les réformes sociales et économiques réclamées
tout à la fois par la masse des travailleurs et
par la justice même ; il accomplira ces réformes
pour améliorer le sort matériel, intellectuel et
moral du plus grand nombre, et, en les accom-
plissant, il diminuera la phalange des aigris,
de ceux qui désespèrent de leur avenir, de ceux
qui, dans leur rage impuissante de conquérir
le bien-être, se ruent en une fauve lutte contre
l'ordre social, contre l'humanité. La liberté,
les réformes réclamées par le parti démocratique, ce sont choses que redoutent par-dessus
tout les anarchistes, car chaque réforme, en
faisant disparaître une iniquité, enlève un soldat à la cause de la révolution sociale, comme
chaque leçon de l'instituteur, en portant lumière
et raison dans un cerveau, le rend impropre à
recevoir la mauvaise semence, celle du so-
phisme, celle de l'anarchisme. Et c'est bien
pour cela que les *compagnons* préfèrent le despotisme à la liberté, l'autoritarisme à la démo-

cratie, les partis réactionnaires aux partis de réformes et de progrès.

Regardez autour de vous, remontez le cours des âges et c'est le présent comme l'avenir qui vous enseigneront. Au milieu de l'effroyable misère du moyen âge, sous la lourde et horrible domination des seigneurs et du clergé, des bandes de malheureux, hâves de faim et de privations, pouvaient se ruer par centaines de mille en une *Jacquerie* furieuse sur les abbayes et les châteaux ; sur le sol d'Irlande, un peuple épuisé de persécutions peut fournir de nombreux couteaux aux *fenians* ; le système autocratique peut enrôler d'innombrables soldats dans l'armée du *terrorisme* ; la terre espagnole ruinée par ses hobereaux et ses couvents, peut voir l'idée anarchique pénétrer profondément sa population misérable ; mais en nos provinces de France, sous nos lois libérales, égalitaires et démocratiques, où les petits propriétaires sont la majorité, où la démocratie est souveraine, la folie anarchiste peut bien séduire quelques cerveaux détraqués, armer

la main de quelques criminels, elle n'entraînera jamais sous les plis de son drapeau noir,
de son drapeau de deuil, un peuple qui veut
travailler, vivre, grandir, au soleil de la
liberté.

Nota. — Le fait suivant vient encore confirmer nos
pages sur les *Mystiques de l'Anarchie.*

Le 26 août 1896, le tribunal correctionnel de la Seine
condamnait, en vertu de la loi sur les menées anarchistes
de 1894, le nommé Guyard, gérant du *Libertaire.* Cet
homme sortait d'un milieu ultra-clérical ; il avait été
employé au journal catholique le *Monde* et avait servi
comme auxiliaire à un prêtre très dévot, M. l'abbé
Finot. Lui aussi du mysticisme avait fait un bond dans
l'anarchie.

A. B.

Nous publions ci-dessous deux articles relatifs à
l'anarchie, l'un de M. Lombroso, publié le 15 février 1894
dans la *Revue des Revues,* l'autre qui est le rapport
déposé en 1896 au Congrès d'anthropologie criminelle
de Genève par M. Van Hamel.

Ces deux articles feront connaitre à nos lecteurs
quelle est, sur cette question, au delà de nos frontières,
l'opinion publique, celle des hommes les plus compétents en matière de criminologie.

L'ANARCHIE ET SES HÉROS

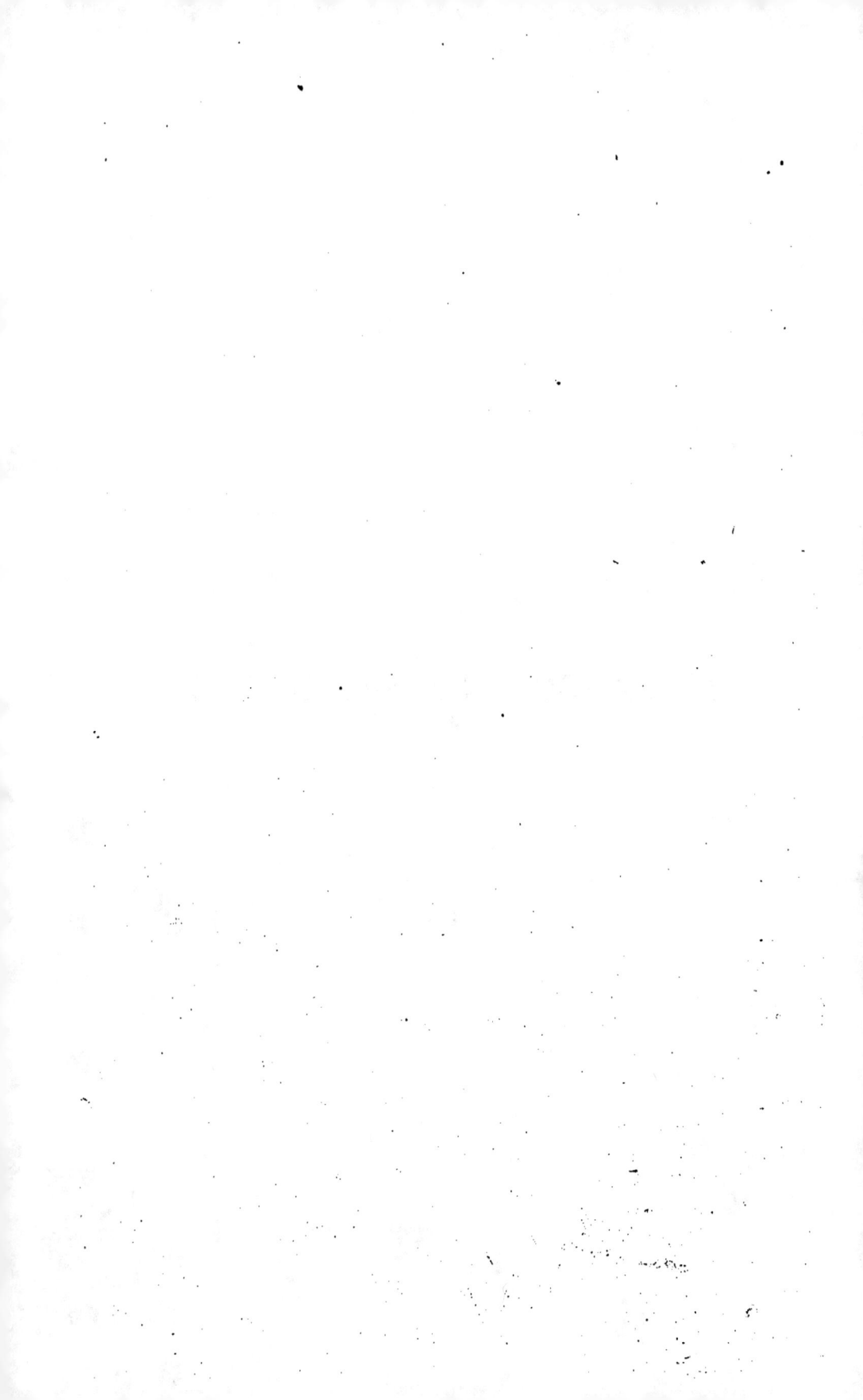

L'ANARCHIE ET SES HÉROS

Le premier sentiment qu'éprouve un positiviste à qui l'on demande de s'occuper du problème de l'anarchie est celui de la répugnance, tant le nom même lui apparaît comme la négation du bon sens : à une époque dont la tendance est de compliquer la machine gouvernementale, tous trouvent indigne de discussion une théorie qui nous semble un retour à l'homme préhistorique. Nous ne pouvons considérer une idée semblable que comme un énorme recul.

Mais, de même que toute fable a du vrai, toute théorie, même absurde, renferme sa part de justesse. Le progrès, en effet, n'est point une parabole continuellement ascendante, mais une ligne à très nombreux zigzags. Et selon l'axiome ancien : *multa renascuntur quæ jam cecidere*, le retour vers le passé n'est pas toujours un recul; témoins : le divorce qui nous ramène jusqu'à un certain point à la Vénus primitive, et les différentes théories *psychiques* qui nous rapprochent de la magie et des prophéties antiques. Si vous demandez à un bourgeois comme il faut, à un employé bien rétribué, au riche rentier leur sentiment sur la société actuelle, ils répondront que tout va pour le mieux dans le meilleur des mondes possibles. Mais si vous interrogez des hommes de haute conscience et de vaste compréhension comme Ibsen, Richet, Nordau, Tolstoï, Bjornson, Zola, il vous diront que cette fin de siècle est bien triste et mauvaise.

Au point de vue économique, nons ne sommes pas dans un état pire que nos pères : l'indigent est aujourd'hui mieux vêtu que le riche châtelain d'autrefois. Mais les besoins ont augmenté ; il en est né de nouveaux et nous repoussons les nouveaux moyens de les satisfaire. Au fond, la charité conventuelle, monastique est [l'unique méthode pour remédier aux misères trop cruelles ; mais, outre qu'elle pourvoit seulement aux premières nécessités, elle blesse nos sentiments naturels d'altruisme et de fierté.

La domination théocratique est depuis longtemps passée de nos mœurs, du moins en apparence ; mais essayez d'agiter une question où la religion se trouve intéressée d'une manière même lointaine, comme le divorce, la suppression des moines ou simplemeut de leur costume, des écoles cléricales, vous verrez se dresser les oppositions, même au nom de la liberté individuelle.

La domination de la caste guerrière a disparu, elle aussi ; cependant, il suffit de toucher au sentiment belliqueux d'une nation pour l'entraîner aussitôt et dans le budget de l'Etat figurent des milliards pour d'inutiles forteresses : tandis qu'on refuse des centimes pour les pauvres maîtres d'école qu'on paie de faciles promesses et de stériles éloges, et on n'a jamais l'argent nécessaire pour défricher des terrains malsains ou stériles et qui pourraient accroître l'aisance du peuple.

Reste la bourgeoisie avec ses instincts de lucre et de domination ; elle est battue en brèche par le quatrième état, qui trouve que son gain et ses fatigues ne sont pas en rapport avec le gain et les fatigues des trois classes supérieures.

C'est pour cela qu'il y a déjà bien longtemps (voyez mon *Crime politique et les Révolutions)* que le Parlement me semble un rouage inutile et même dangereux, car il ne sert pas de soupape de sûreté et, loin de là, il contribue quelquefois à accroître le péril ; je parle au moins pour mon pays où quatre mille députés, en trente ans, n'ont pas su proposer le plus petit projet de loi pour la Sicile qui devient une autre Irlande, et jamais ni les vôtres ni les nôtres ne s'aperçurent des scandales financiers.

Il y en a qui, tout en travaillant, ne trouvent pas de quoi vivre ; tandis que les autres, tout en voulant travailler, ne le peuvent pas. La Révolution de 89 (1) ne fit que substituer de grands

---

(1) Voir mon *Crime politique et les Révolutions*, Alcan 1892, p. 30 ; et Molinari, *l'Evolution politique*, p. 62.

propriétaires bourgeois aux grands propriétaires
féodaux. Du temps des Turgot, un quart du sol
appartenait aux travailleurs ; maintenant ce n'est
plus qu'un huitième ; en Italie, nos paysans sont
peut-être en une condition pire que les anciens
esclaves.

Aux Etat-Unis même, la richesse est tellement
concentrée, que 91/100 des habitants ne possèdent
que 20/100 de la richesse du pays, tandis que
9/100 en possèdent 80/100 ; 4047 familles possèdent environ 16 fois autant que les 11.598.887
familles réunies.

C'est pour cela qu'au fanatisme religieux des
temps anciens, au fanatisme politique de la veille,
se greffe maintenant, plus fébrile que tous les
deux, le fanatisme économique qui est destiné à
les effacer car, comme disait Machiavel, les
hommes préfèrent l'argent à la vie.

Et plus la détresse est grande, moins l'on a de
force pour réagir. Les Indiens meurent de faim
par millions, sans avoir la force de réagir,
comme mes Lombards atteints de la pellagre ;
tandis que les paysans d'Allemagne et des Roma-
gnes, les ouvriers d'Australie qui, en réalité,
souffrent moins, sont plus capables d'initiative
et de réaction et protestent pour ceux-là mêmes
qui sont dans une situation pire que la leur.

Et puis il est indéniable que, soit sous la forme
républicaine, soit sous l'étiquette monarchique,

du moins pour les races latines, toutes les institutions sociales et gouvernementales sont, d'après
la conception puissante de Max Nordau, un
énorme mensonge, un mensonge conventionnel
que tous admettent dans leur for intérieur, tout
en le repoussant du bout des lèvres. Mensonge
la foi dans le parlementarisme qui, de jour en
jour, met à nu sa triste impuissance ; mensonge
la foi en l'infaillibilité d'hommes d'Etat, qui souvent nous sont inférieurs ; mensonge la foi absolue en une justice qui, imposant de lourdes
charges aux honnêtes gens, ne frappe que dans
la proportion de 20 0/0 à peine les vrais coupables, le plus souvent des imbéciles, tandis qu'elle
laisse les autres libres, souvent admirés et obéis,
au milieu des innocents, leurs victimes.

Le fait est que ces mensonges sont, en grande
partie, acceptés sans conteste, parce que, trans-
mis de génération en génération, ils deviennent
pour nous une habitude dont on se délivre difficilement, bien que nous en sentions la complète
vanité (1).

Le gouvernement représentatif est basé sur
cette erreur que, plus le pouvoir est divisé,
moins il sera despotique et sera d'autant plus
intelligent et moral. On avait oublié cette maxime
de Machiavel que toute forme de gouvernement

(1) *Crime politique*. Lombroso et Laschi, Alcan.

porte en elle les germes de sa propre ruine ; cette maxime devait surtout s'appliquer à un gouvernement basé sur la foule, serait-elle la moins hétérogène et la mieux choisie. Le proverbe vulgaire *Senatores boni viri, senatus mala bestia* indique très bien que, plus il y a de délibérants, moins justes et moins sages sont les délibérations ; le mérite des conseils est en raison inverse du nombre des conseillers. S'il est exact qu'en matière financière, c'est à-dire sur un point d'intérêt le plus tenace au cœur de l'homme, les Assemblées se trompent presque toujours, on devine les erreurs sur les questions politiques, administratives ou communales, qui ont pour elles bien moins d'intérêt. Pour la guerre, Moltke a justement observé qu'une assemblée parlementaire s'y laisse plus facilement entraîner qu'un souverain despotique qui en supporte toute la responsabilité.

Si le gouvernement est mieux composé, comment croire à la compétence d'un ministre de la Marine pris parmi les avocats et d'un ministre de l'Instruction publique cueilli dans une boutique ? Les connaissances techniques ne comptent pour rien là où elles sont le plus nécessaires ; parce que les nécessités parlementaires exigent, en un moment donné, que le poste soit confié à un démocrate, à un Lombard, à un Vénitien.

Ceci ne justifie point l'anarchie, mais on com-

prend comment elle a pu naître de la protesta-
tion d'une âme sincère contre le mensonge am-
biant, contre l'injustice régnant en souveraine et
foulant aux pieds le mérite. Cela nous aide à
comprendre de nombreuses phrases des anarchistes qui sont essentiellement vraies, comme
celles-ci : « Quelle est la raison d'être du gouvernement ? Pourquoi abdiquer entre les mains
de quelques individus sa liberté et sa propre
initiative ? Pourquoi leur laisser la faculté, avec
ou contre le gré de chacun, de disposer à leur
gré des forces de tous ? Sont-ils incorruptibles
et infaillibles au point de lier imprudemment le
sort de tous à leur bonté et à leur science ? Se-
raient-ils bons et capables, leurs forces ne seront-
elles point paralysées par des préoccupations de
toute sorte ; souci de conserver le pouvoir, de
satisfaire les amis, de réfréner les mécontents et
d'abattre les rebelles ? Puis, qui les désigne pour
ces hautes fonctions ? Ils les prennent par droit
de guerre, de conquête ou de révolution ? En ce
cas, quelle est la garantie qu'ils vont s'employer
à l'utilité générale ?

« Toutes les théories par lesquelles se justifie
le gouvernement sont fondées sur cette présomp-
tion qu'il faut une force supérieure pour con-
traindre les uns à respecter les droits des autres.

« Examinons les faits : dans tout le cours de
l'histoire, aussi bien qu'à l'époque actuelle, le

gouvernement se réduit à la nomination brutale, violente, arbitraire d'un petit nombre d'hommes sur la masse ; d'une minorité agissant au détriment de la majorité.

« Organes et... fonctions deviennent inséparables : une police, si elle ne peut découvrir des délits et arrêter des coupables, provoquera des délits et des délinquants ou cessera d'exister.

« En France, il existe depuis des siècles une institution, aujourd'hui rattachée à l'administration des forêts, la *louveterie*, qui a charge de veiller à la destruction des loups et autres animaux nuisibles. Nul ne sera étonné d'apprendre que c'est grâce à cette institution que les loups existent encore en France. Le public ne se préoccupe point des loups, parce qu'il existe des *louvetiers* dont c'est le métier d'y penser ; et les louvetiers font bien la chasse, en effet, mais la font très intelligemment, épargnant les nids et laissant le champ libre à la reproduction, pour ne pas courir le risque de détruire une race aussi intéressante. En fait, les paysans français ont très peu de confiance en ces louvetiers et les considèrent plutôt comme les conservateurs des loups. Et cela se comprend : que feraient les lieutenants de louveterie si les loups venaient à manquer ?

« Le gouvernement constitue une classe privilégiée et séparée du peuple. On connaît la vieille histoire de l'homme enchaîné, qui, ayant réussi à vivre malgré les chaînes, s'imagine vivre à cause de ces chaînes. Nous sommes habitués à vivre sous un gouvernement qui accapare toutes les forces, toutes les intelligences, toutes les volontés qu'il peut diriger à ses fins ; qui entrave, paralyse ou supprime celles qui lui sont inutiles ou hostiles et nous nous imaginons que tout ce qui se fait dans la société est l'œuvre du gouvernement et que, sans gouvernement, il n'existerait plus dans la société ni force, ni intelligence, ni volonté.

« Les coutumes suivent toujours les besoins et les sentiments de la généralité ; elles sont d'autant plus respectées qu'elles sont moins sujettes à la sanction des lois. Pour une caravane voyageant dans les déserts de l'Afrique, la bonne économie de l'eau est une question de vie ou de mort pour tous ; et l'eau devient en cette circonstance chose sacrée et nul ne se permet de la dissiper. Les conspirateurs ont besoin du secret et le secret est observé ou l'infamie s'attache à qui le viole. Les dettes de jeu ne sont pas garanties par la loi et pourtant le joueur qui ne les paierait point est considéré et se considère lui-même comme déshonoré.

« Est-ce par hasard à cause des gendarmes qu'il n'y a pas plus de meurtres que dans les siècles passés ? La majeure partie des villages d'Italie ne voit les gendarmes que de loin en loin; des millions d'hommes vont par monts et par vaux, loin du regard tutélaire de l'autorité, de telle sorte qu'il serait facile de les frapper sans avoir de châtiment à craindre et néanmoins ils ont une sécurité aussi grande que ceux qui vivent dans des centres plus surveillés.

« La révolution, qui essayera d'abolir le gouvernement et la propriété individuelle, ne créera point les forces qui n'existent pas ; mais elle laissera probablement le champ libre à l'épanouissement de toutes les forces, de toutes les capacités existantes et c'est peut-être une solution. L'exemple de Florence et d'Athènes est là pour le démontrer ; une moindre action donnée au gouvernement, une plus grande laissée à l'individu paraissent favorables au développement des individualités qui sommeillent, avec cette réserve pourtant que la prépondérance de la foule émoussera et supprimera peut-être les individualités encore plus que ne le faisaient les gouvernements.

Mais faisant la part de Dieu et du diable dans cette question brûlante où il est difficile de rester neutre, tout le reste de l'édifice, sinon l'édifice en son entier, est faux et absurde dans sa base comme dans ses applications ; toutes leurs conclusions, surtout les conclusions pratiques, sont absurdes et nous replongeraient, non pas partiellement, mais d'emblée et complètement, dans l'état de l'homme primitif. Ainsi Kropotkine prétend dans sa *Conquête du Pain* que, par l'agriculture seulement, la moitié des adultes valides de la Seine et de Seine-et-Oise, en travaillant 58 jours par an, à raison de 5 heures par jour, subviendraient à tous les besoins de l'existence aisée, voire luxueuse, de tous les habitants.

Le socialiste réclame pour les travailleurs la journée de huit heures avec un jour de repos par semaine. L'anarchiste la lui promet de cinq heures, avec cinq jours de travail seulement par *mois*, grâce à la suppression du parasitisme. Pas de fatigue, et le travail facile, ce sont deux points importants du programme.

Les besoins de luxe, de jouissances scientifiques et artistiques sont prévus : l'anarchie prétend assurer à tout le monde ces joies réservées actuellement au petit nombre.

Chacun aura le loisir de se les procurer par quelques heures de travail supplémentaire !!

Existerait-il en tout cela une part de vrai, le tout en resterait non moins inexplicable et absurde.

Dans la nature, la loi d'inertie domine, et plus encore dans le monde humain qui est misonéique, qui a horreur du nouveau. En politique, tout effort violent contre l'ordre établi, contre le *vieux*, est punissable, car il blesse l'opinion et

les sentiments de la majorité ; et s'il constitue
une nécessité pour une minorité opprimée, il est
juridiquement un fait anti-social, et, par conséquent, un crime et souvent un crime inutile, car
il éveille une réaction en sens misonéistique.

Et ici apparaît la distinction entre les révolutions proprement dites qui sont un effet lent,
préparé, nécessaire, tout au plus rendu plus ra-
pide par quelque génie névrotique ou par quelque accident historique, et les révoltes ou les
séditions qui seraient une incubation précipitée,
artificielle, à température exagérée, d'embryons
voués par là même à une mort certaine. La révolution est l'expression historique de l'évolution ;
son mouvement est lent et gradué, autre garantie
de succès. Les révolutions sont plus ou moins
étendues, générales et suivies par tout un peuple.
Les séditions répondent à des causes peu impor-
tantes, souvent locales ou personnelles . elles
sont fréquentes chez les peuples les moins avan-
cés, comme à Saint-Domingue, dans les petites
Républiques du moyen âge et dans celles de
l'Amérique méridionale ; les criminels y parti-
cipent beaucoup plus que les honnêtes gens. Les
révolutions, au contraire, apparaissent rarement,
et toujours pour des causes graves et un idéal
élevé et les hommes passionnés, c'est-à-dire les
criminels par passion ou les génies, y prennent
plus souvent part que les criminels.

Il est facile dès lors de comprendre que les fauteurs de l'anarchie soient composés (sauf très peu d'exceptions telles que Reclus et Kropotkine) en majeure partie de criminels et de fous et quelquefois des uns et des autres ensemble, car j'ai démontré que dans les révolutions prennent part les hommes les plus honnêtes et les plus géniaux, la fleur de la nation — tandis que dans ces rébellions, où le misonéisme est complètement en opposition avec l'idée dominante, n'apparaissent au contraire que les fous et les criminels qui sont portés par leur état morbide à sentir, à penser autrement que tout le monde et qui, pour arriver à leurs fins n'éprouvent point le trouble que ressentiraient d'autres hommes à accomplir des actes violents et criminels, tels que le régicide, l'incendie, etc.

Il suffit de jeter un coup d'œil sur les portraits que j'ai donnés dans mon *Crime politique* pour voir combien les régicides et les anarchistes, et les rebelles qui sont les anarchistss du passé, présentent le type achevé des criminels, comme Kammerer, Steilmacher, Brady, Fitzharris.

Les anarchistes modernes donnent lieu aux mêmes observations. Un magistrat distingué, M. Spingardi, qui a bien voulu me fournir de nombreux matériaux pour cet article, me disait : « En ce qui me concerne, je n'ai jamais vu un

anarchiste qui ne fût ou boiteux, ou bossu, ou
dont la figure fût symétrique. Ravachol, Prady
offraient le type achevé de criminels nés, non
seulement sur leur visage. mais par leur passion
du mal, leur manque absolu de sens éthique,
leur haine de la famille et leur indifférence pour
la vie humaine. Et je fais observer que Pini et
Kammerer furent de vrais brigands, comme
Ravachol.

En est-il autrement de Vaillant ?

Je dirai tout d'abord que sa physionomie n'était
nullement celle du criminel, sauf peut-être les
oreilles trop grandes et trop écartées. Mais c'était
un hystérique.

Il avait un caractère doux et timide et offrait
une particularité assez caractéristique : il ne
pouvait regarder en face les personnes nerveuses
ou ayant dans les yeux quelque puissance ma-
gnétique. Vaillant tombait alors dans une espèce
d'extase, dont on le réveillait assez difficilement.

C'est là le caractère essentiel de l'hystérie
(sensibilité hypnotique).

La haine naturelle des partis et la tendance
des procureurs à forcer les couleurs le dépeignent
comme un vulgaire malfaiteur ; pour moi, il
m'apparaît simplement comme un homme déséquilibré, qui donna quelques signes de criminali-
lité dans son enfance et dans sa jeunesse (délit
d'escroquerie) ; mais bien plutôt qu'un criminel

né, c'est un vrai fanatique passionné, dont les haines s'expliquent par l'hérédité et par les malheurs.

Pour l'hérédité, il a dû le jour à un amour à demi coupable et à des parents dégénérés. Il est né d'un ancien zouave libéré, qui séduisit une jeune domestique ; tous les deux, sans cœur, l'abandonnèrent sur la route.

Une autre cause réside dans sa lutte toujours infructueuse contre le malheur. Jeune, il fut élevé difficilement et dut demander à la cordonnerie ses moyens d'existence ; il fut, dès lors, un révolté. Après avoir été cordonnier, il fut successivement pelletier, courtier d'épicerie, maître de langue française, ouvrier plâtrier, puddleur. Mais son tempérament rêveur, extatique, le rendait impropre à tout travail suivi. Il passa plusieurs mois dans une misère noire.

A douze ans, on l'a mis en apprentissage chez un confiseur. Impatient de liberté, l'enfant s'est enfui, et sa mère, remariée, a refusé de le recevoir.

Les gendarmes l'arrêtèrent, en effet, sur la route. On télégraphia à son père, et M. Vaillant répondit :

« J'ai eu la mère du nommé Auguste Vaillant pour maîtresse. Mais elle s'est mal conduite, je l'ai quittée. Depuis, elle s'est remariée, je crois. Je vous prie de le faire reconduire chez elle.

« Malgré cela, comme il se réclame de moi, je lui envoie vingt francs pour qu'il puisse retourner auprès de sa mère.

« Je fais cela comme une charité et non comme une reconnaissance. »

Quant à la mère de Vaillant, elle répondit :

« Il m'est impossible de recevoir l'enfant, mon mari me mettrait à la porte. »

Et c'est ainsi que ce malheureux enfant de quatorze ans erra de ville en ville, ici arrêté pour avoir mendié un morceau de pain ; là, condamné pour avoir, un jour qu'il mourait de faim, pris sans payer un repas de 90 centimes !

Il a essayé de tout sans succès. Son patron de Choisy-le-Roi lui donnait 20 francs par semaine, pour lui, pour sa femme et pour son enfant. Le pain manquait à la maison presque chaque jour.

La grande mobilité, l'instabilité propre aux hystériques, dont il avait fait preuve dans ses divers métiers, il l'apporta dans ses convictions.

Eduqué par les prêtres, il devient socialiste, payant de sa personne, organisant et associant tous les éléments propres à former les groupes d'extrême avant-garde.

Ne pouvant faire son chemin ou jouer le premier rôle parmi les socialistes, il devint anarchiste et peut-être avec le temps serait-il devenu monarchiste. Mais par-dessus tout, c'était un vaniteux. Le graphologue qui examine sa signature y trouve la vanité, l'orgueil et l'énergie comme caractères dominants. Le grand T, l'écriture montante, les énormes paraphes en sont une preuve frappante. Diriger, conduire, mener une collection d'individus était son plus fort penchant.

Mais toujours il fut un altruiste exagérément passionné.

C'est un des caractères qui m'ont le plus profondément étonné de trouver ce sentiment chez d'autres anarchistes encore plus criminels que lui. Chacun sait que lui et Ravachol se targuaient d'avoir dépensé le fruit de leurs vols pour leurs compagnons ou pour leur cause. Spies, d'après ce qui me fut écrit de Chicago, était vénéré comme un saint par tous ses camarades.

Il ne gagnait que 19 francs par semaine et pourtant il en donnait deux à un ami qui était tombé malade : il aida même un homme qui l'avait grossièrement offensé ; ses compagnons disaient que, si la révolution triomphait, il faudrait le mettre en prison pour l'empêcher de nuire à la révolution par sa sentimentalité.

Tielden, écrit Schwab, a toujours été l'avocat des pauvres avant sa condamnation.

On m'a également raconté que Palla, un des plus féroces anarchistes, fut jeté après un naufragé sur une île déserte avec un de ses camarades. Un jour, un navire s'étant approché de l'île, il put s'y embarquer; mais son compagnon tardant à venir, le capitaine donna l'ordre. de reprendre la route. Palla, ne pouvant autrement l'arrêter, se jeta à l'eau jusqu'à l'arrivée de son camarade.

Pour expliquer cette coïncidence qui, chez Vaillant, est très éclatante, il faut se rappeler ce qui se passe chez les hystériques dont se rapproche Vaillant.

L'hystérie, qui est la sœur de l'épilepsie, et se lie pareillement avec la perte partielle de l'affectivité, nous montre bien des fois, à côté d'un égoïsme exagéré, certaines échappées d'altruisme excessif, qui relèvent également de la folie morale et en dépendent — et nous décèlent le phénomène morbide dans la charité la plus chaude.

Il y en a, écrit très bien Legrand du Saulle en parlant des hystériques, qui, tout en restant dans le monde, épousent bruyamment toutes les bonnes œuvres de leur paroisse, quêtent pour les pauvres, travaillent pour les orphelins, visitent les malades, font des aumônes, veillent les morts, sollicitent ardemment la bienfaisance d'autrui. Les hystériques créent une œuvre de charité avec autant d'ardeur que les chevaliers d'industrie lancent une affaire financière à dividendes hyperboliques.

Des femmes vont et viennent, se multiplient, ont des inspirations d'une délicatesse charmante, pensent à tout, au milieu des deuils privés ou des catastrophes publiques, et affectent de ne recevoir qu'en rougissant les tributs d'admiration des affligés reconnaissants ou des témoins attendris.

L'hystérique charitable est susceptible d'accomplir des traits de courage qui sont cités et répétés ou qui deviennent même légendaires. Qu'un incendie éclate et elle pourra faire preuve d'une présence d'esprit tout à fait supérieure, donnera des conseils excellents, fera mettre à l'abri les objets mobiliers et les bestiaux ou se précipitera au milieu des flammes pour sauver un infirme, un vieillard ou un enfant. Qu'une insurrection se lève et attaque un édifice communal ou une caisse publique et une névropathe, dans un élan tout pathologique, en imposera, les armes à la main, à une troupe de révoltés. Cela s'est vu. Que des inondations surprennent tout à coup une localité et une femme pourra déployer la bravoure la plus secourable.

Au lendemain de l'incendie, de l'insurrection ou de l'inondation, si l'on examine et si l'on interroge ces héroïnes, on les trouve complètement accablées et quelques-unes disent avec candeur : « Je ne sais pas ce que j'ai fait, je n'ai pas eu conscience du danger. »

Pendant le temps d'épidémie cholérique, alors que la peur est si mauvaise conseillère et qu'elle provoque des défections si blâmables, certaines hystériques montreront un dévouement extraordinaire, rien ne leur répugnera, rien ne susceptibilisera leur pudeur, rien ne lassera leur courage. Elle stimuleront le zèle des garde-malades, feront des prosélytes, amèneront avec elles des médecins, écriront leurs prescriptions et les feront exécuter.

Le dévouement est devenu pour ces malades un besoin, une occasion de dépense nécessaire et, sans s'en douter, elles jouent pathologiquement le rôle de la vertu, et tout le monde s'y laisse prendre.

En principe, je ne suis point opposé à la peine de mort, lorsque cette peine doit garantir la vie de nombreuses personnes. Je crois cependant qu'il vaudrait mieux ne pas l'appliquer à l'égard des anarchistes. S'il est nécessaire de supprimer les criminels-nés ou les criminels tels que Ravachol, qui se cachent sous le masque anarchiste, il faudrait par contre éviter l'application de la peine de mort à l'égard des anarchistes tels que Vaillant, chez qui le penchant vers le mal revêt une forme altruiste et qui, même par leur violente soif du nouveau, peuvent rendre des services à l'humanité (1).

_____

(1) *Figaro*, janvier 1894.

Du reste, la suppression des anarchistes ne saurait avoir aucun effet pratique, car les fanatiques et les névropathes ne reculent point devant le châtiment. Bien au contraire, ce sont les châtiments qui enflamment leur imagination, et, comme on l'a vu d'après les attentats de Barcelone, et de Paris, les trop sévères punitions des anarchistes ont été toujours suivies de crimes encore plus violents et plus dangereux.

Une mesure plus radicale, surtout en France, serait de les couvrir de ridicule. Les martyrs sont vénérés, jamais les fous.

En ce qui concerne une entente internationale, dont on a tant parlé, elle est plus qu'inutile, car les anarchistes n'ont point un centre qu'on puisse saisir.

Pour démontrer l'inutilité des peines farouches, il suffirait de voir que même la mort de Ravachol, qni était un vrai criminel-né, complètement indigne de la pitié des hommes honnêtes, bien loin d'être intimidatrice, a été suivie d'une vraie apothéose.

Après son exécution, certains découvrirent une suprême logique — anarchiste — dans ses divers crimes. On décida qu'il avait été l'assassin, le violateur de sépulture, le dynamiteur, le guillotiné — symbolique.

Le culte de Ravachol était né.

Les anarchistes comptaient déjà auparavant

des martyrs: les pendus de Chicago, les garrottés de Xérès, les Allemands Reinsdorf et Kuchler, exécutés à la hache. Il fallait aux révolutionnaires français, malgré leur internationalisme, un martyr national, exécuté par la guillotine.

Ce fut plus qu'un martyr : ce fut *Ravachol-Jésus*, comme l'a écrit un rimeur du parti, Paul Paillette.

Une photographie le représentant debout, l'œil illuminé, en sabots de détenu, entre deux gendarmes, fut reproduite à des milliers d'exemplaires.

Des brochures à sa gloire étaient publiées : *Ravachol anarchiste*, *Ravachol et Carnot aux enfers*, etc. Enfin, on a jusqu'à l'hymne *la Ravachole* (1).

De même qu'on ne peut, pendant sa vie, porter un jugement définitif sur un grand homme, de même, une génération ne peut pas, dans sa vie éphémère, juger avec certitude de la fausseté d'une idée, quelle qu'elle soit et, par conséquent, elle n'est pas en droit d'infliger une peine aussi radicale que la peine de mort aux partisans de

---

(1) On m'objecte que je ne serais pas aussi miséricordieux envers les anarchistes, s'ils avaient fait sauter ma maison. Il est vrai que ma maison n'a pas encore sauté, mais, dans ma carrière d'aliéniste, bien des fois j'ai eu à souffrir de blessures quelquefois très graves occasionnées par ces fous et jamais il ne m'est venu dans la tête, soit de les supprimer, soit de les corriger par voie de sévères punitions.

cette idée : c'est pour cela que j'ai proposé pour tous les criminels politiques — sauf les criminels-nés — des peines temporaires.

Je ne veux pas discuter momentanément la prophylaxie du crime anarchiste, je tiens cependant à établir ceci :

Comme on voit le choléra frapper de préférence les quartiers les plus misérables et les plus sales, de même l'anarchie sévit partout dans les pays les moins bien gouvernés. Sa présence pourrait donc servir d'indice... que tout n'est pas pour le mieux dans le pays qui en souffre, de même que le choléra, là où il apparaît, nous indique qu'il y a des perfectionnements à opérer dans le domaine de l'hygiène.

En présence des crimes anarchistes, il faudrait bien ne pas oublier cette exclamation douloureuse de Vaillant qni, bien que provenant d'un hystérique, mérite cependant d'être retenue : « Il y a trop longtemps, dit-il, que l'on répond à notre voix par des coups de prison, par la corde et par la fusillade, et ne vous faites pas d'illusion, l'explosion de ma bombe n'est pas seulement le cri de Vaillant révolté, mais bien le cri de toute une classe qui revendique ses droits et qui bientôt joindra les actes à la parole. »

CÉSAR LOMBROSO.

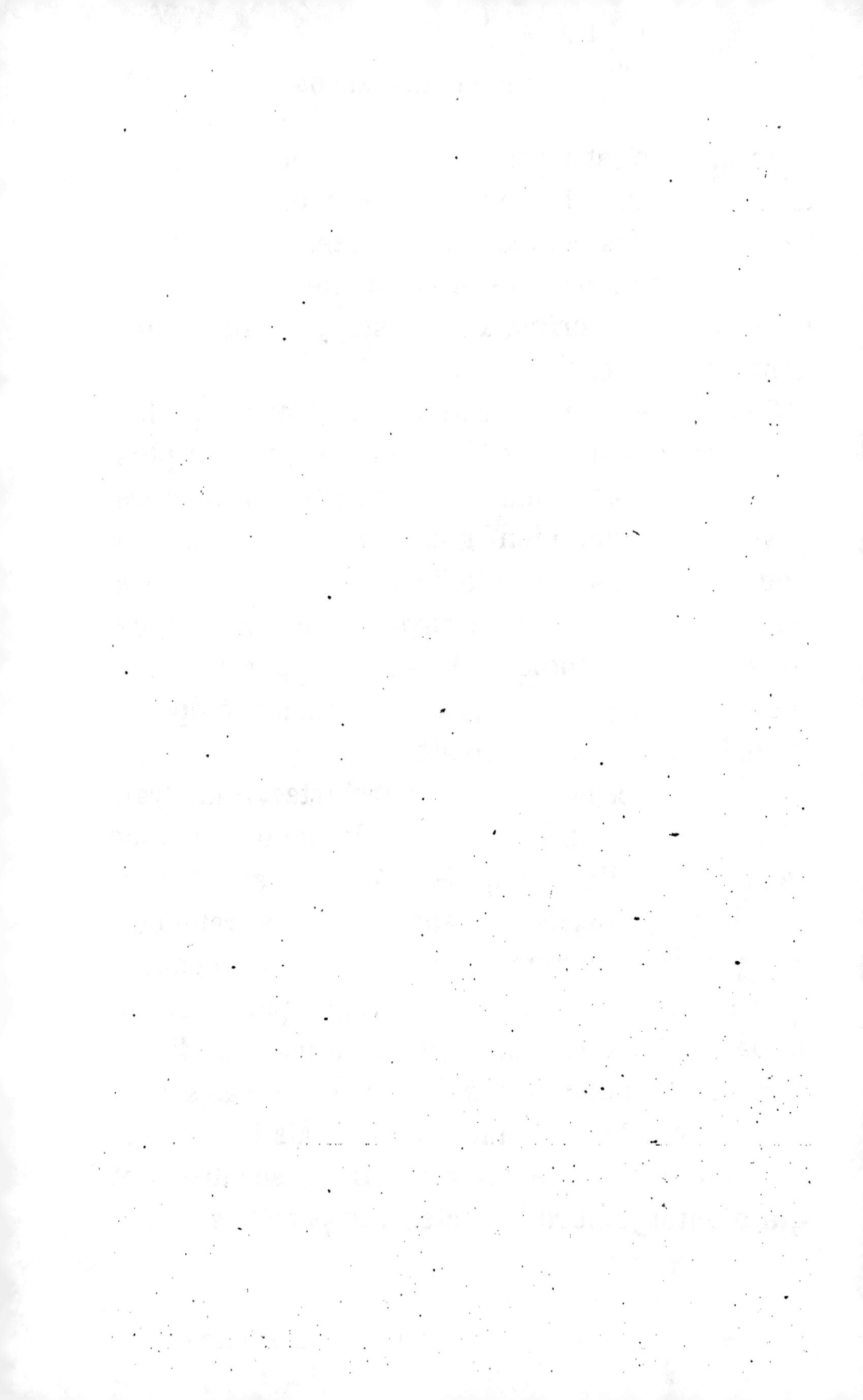

L'ANARCHISME

ET LE

COMBAT CONTRE L'ANARCHISME

L'ANARCHISME

ET LE

COMBAT CONTRE L'ANARCHISME

AU POINT DE VUE DE L'ANTHROPOLOGIE CRIMINELLE

L'auteur de ces pages doit commencer par offrir au Congrès ses excuses. Plusieurs circonstances, entre autres une maladie assez grave, l'ont empêché de vouer à l'étude du sujet et à la rédaction du rapport le temps dont il aurait voulu disposer. Il fait donc appel à la bienveillance de l'assemblée. Mais il n'a pas voulu renoncer entièrement à la tâche dont il s'était chargé. Avant tout, puisque, par le temps où nous vivons, le crime anarchiste certainement est un des phénomènes de la plus haute importance, bien digne de la réflexion d'un Congrès d'anthropologie criminelle, nous avons donc à nous rendre compte du point de vue spécial auquel les adhérents de la criminologie nouvelle devront considérer et voudront traiter le *crime anarchiste*.

Quel est ce crime? Au premier plan il y a les attentats. Il y a le crime désigné sous la dénomination générale de « propagande par le fait », qui trouve son type dans les faits et gestes de

Ravachol, de Vaillant, d'Emile Henry, de Caserio, de Pallas, des anarchistes du Liceo de Barcelone, des anarchistes de Chicago et de tant d'autres. Ce sont quelquefois des crimes contre certains représentants déterminés de l'autorité, contre un chef d'Etat, un membre de la magistrature, une chambre parlementaire, la police ; mais ce sont pour la plupart des attentats contre la masse indéterminée des « bourgeois » ; donc les meurtres et les destructions en masse, commis surtout à l'aide de bombes ou d'autres explosifs. Le caractère général de tous ces attentats contre les personnes et les propriétés, c'est qu'ils émanent d'un même désir : une haine profonde contre la société actuelle et un désir brûlant d'initier pour la vie sociale une ère nouvelle ; c'est qu'ils visent à un même but : la transformation violente des anciennes formes sociales dans les formes nouvelles.

Au second plan il y a les actes préparatifs, D'un côté la préparation matérielle : la fabrication, ou la détention, ou le transport des moyens de destruction. De l'autre côté la préparation intellectuelle : l'incitation aux attentats nommés, l'incitation directe par la parole ou la presse, indirecte par exemple par l'apologie de ses crimes ou par la caricature.

Le crime anarchiste a été le fruit de la doctrine anarchiste. Cependant il faudra nettement distinguer ces deux phénomènes du mouvement.

La doctrine anarchiste est une théorie sociale comme une autre. On pourra abhorrer ses conclusions nihilistes, ou hausser les épaules devant ses prétentions et ses illusions absurdes, on ne saurait, au point de vue du droit moderne, lui interdire le droit d'être formulée et prêchée comme toutes les autres théories, quelles qu'elles soient. A la lutte des esprits tous sans exception devront être admis. Les institutions existantes ne sont pas immuables par leur essence, toutes elles sont destinées à se réformer. Il y en aura toujours qui les attaquent, il y en aura toujours qui les défendent.

Aux arguments, aux sentiments nobles et aux pensées aiguës des uns, les autres auront à opposer des arguments, des sentiments et des pensées d'un même caractère. Le bon sens des populations à la fin saura distinguer le blé et l'herbe, et dans le combat même les lutteurs auront à apprendre bien des choses les uns des autres. C'est ainsi que doit se faire le progrès dans le monde des hommes.

Le mot « anarchie » indique bien nettement tant le côté négatif et destructeur que le côté affirmatif et créateur de la théorie.

« Anarchie — c'est la définition de l'anarchiste Jean Grave lui-même dans son livre sur *la Société mourante* — veut dire négation de l'autorité. Or, l'autorité prétend légitimer son

existence sur la nécessité de défendre les institutions sociales : famille, religion, propriété, etc.,
et elle a créé une foule de rouages, pour assurer
son exercice et sa fonction : la loi, la magistrature, l'armée, le pouvoir législatif, etc. Les
anarchistes doivent donc attaquer toutes les
institutions dont le Pouvoir s'est créé le défenseur
et dont il cherche à démontrer l'utilité pour
légitimer sa propre existence. » Telles sont les
bases des théories négatives de l'anarchisme, tel
est son raisonnement comme critique sociale.
Telle est la doctrine comme elle émane de
Proudhon et de Bakounine et comme elle est
développée dans les ouvrages du prince Kropotkine, d'Elisée Reclus, de Jean Grave et d'autres.

La logique de cette théorie porte ensuite
l'anarchisme à vouloir, du côté affirmatif de la
doctrine, reconstruire sur les ruines de la
« Société mourante » une « Société au lendemain
de la Révolution », de même sans autorité
quelconque. En opposition à l'organisation dont
rêvent les adhérents du socialisme d'Etat, les
anarchistes attendent tout du mouvement absolument libre et spontané des individus. C'est
l'individualisme porté à son point culminant,
l'individualisme le plus absolu. Et la croyance
que les hommes ne sont mauvais qu'à cause des
institutions sociales actuelles, qui paraissent les
pousser aux sentiments et aux actions égoïstes,

porte les anarchistes à avoir une confiance
illimitée dans la nature humaine en elle-même,
qui, selon eux, poussera tous les hommes libres
à se respecter et à s'entr'aider mutuellement
sans l'intervention d'aucune prescription ni
d'aucune autorité. Quant à cette société du
lendemain, M. Félix Dubois dans son livre sur
le Péril anarchiste nous donne une description
— empruntée à une brochure du Dᵣ Giovanni
Rossi — de la colonnie italienne anarchiste au
Brésil, *Cécilia,* où les pionniers zélés ont tâché
de réaliser leurs rêves, à ce qu'il paraît au début
avec quelques succès, mais à la longue avec de
grandes déceptions.

La théorie anarchiste cependant par son côté
négatif n'est pas une théorie paisible. Elle est
militante, une théorie de combat. Elle repose certainement sur des raisonnements de l'intelligence,
mais plus encore sur des sensations et des émo-
tions qui ont la force de pousser les adhérents
à un fanatisme effréné.

Pour bien caractériser le côté psychologique
de l'anarchisme, M. Dubois, dans son livre cité,
donne une description de « la psychologie de
l'anarchiste », description qu'il doit au sociologue
M. A. Hamon à qui il l'avait demandée. Or,
M. Hamon a composé son tableau psychologique
de l'anarchiste d'après les résultats d'une enquête qu'il a instituée auprès de plusieurs anar-

chistes auxquels il posait la question : « Comment et pourquoi ils étaient anarchistes ».

Observons en premier lieu que les anarchistes se recrutent dans les milieux sociaux les plus variés. « Savants, paysans, hommes de peine, journalistes, architectes, employés de magasin et de bureau, ouvriers, littérateurs, commerçants, professeurs, industriels, avocats, rentiers, artisans, ingénieurs, fonctionnaires de tout ordre, officiers même fournissent leur contingent à l'anarchie. » Aussi on en trouve sous les formes gouvernementales et 'parmi les nationaux de pays différents, surtout cependant parmi les Français, les Italiens, les Espagnols et les Russes.

Quant au portrait psychologique, le résumé revient à ceci qu'il existe en réalité « un type idéal d'anarchiste », dont la constitution mentale est formée d'un agrégat de caractères psychiques communs. L'anarchiste-type, selon M. Hamon, peut être ainsi défini : un homme affecté de l'esprit de révolte sous une ou plusieurs de ses formes (esprit d'opposition, d'examen, de critique, d'innovation), doué d'un grand amour de la liberté, égotiste ou individualiste, possédé d'une grande curiosité, d'un vif désir de connaître. A une telle mentalité s'ajoutent un ardent amour d'autrui, une sensibilité morale très développée, un profond sentiment de justice, le sens de la logique, de puissantes tendances combattives. »

De même, le grand maître de l'Anthropologie criminelle, le professeur Lombroso, dans son livre remarquable sur les anarchistes, voue une étude spéciale à ces deux traits qui les caractérisent : un altruisme profond, même exagéré, et un « philonéisme » remarquable par lequel ils diffèrent absolument de la grande majorité des hommes qui se caractérisent par un « misonéisme » invétéré. Or l'intensité de plusieurs de ces qualités dénote un déséquilibrement et une tendance maladive sur lesquels je reviendrai.

Les anarchistes fervents ne croient pas à une transformation paisible de la société. Il n'y a que « la révolution sociale » dont ils attendent l'avènement de l'ère nouvelle.

Cependant ce n'est pas des perspectives de cette « révolution », de cette guerre intérieure universelle que nous avons à nous occuper ici. Nous traitons du crime anarchiste comme nous l'avons défini plus haut; de ces actes épars qui caractérisent « la propagande par le fait »; de ces actes qui, chez une grande partie des adhérents découlent des idées et des sentiments anarchistes et qui sont commis dans un double but de destruction et de terrorisme; de ces actes qui mettent en danger, je ne dis pas la société existante, mais l'évolution paisible des institutions sociales.

Cette dernière distinction en est une à laquelle

je tiens énormément, et ce n'est qu'en me basant sur cette distinction que je crois pouvoir justifier devant notre conscience moderne le combat contre l'anarchisme.

Il n'y a que les conservateurs acharnés, il n'y a que les esprits fermés et les consciences sourdes qui puissent louer sans réserve la société existante. Nous autres nous savons tous qu'elle porte bien des blessures ; nous savons tous que les institutions, les lois et les mœurs couvrent bien des injustices et bien des inégalités irrationnelles. Nous voulons, selon la mesure de nos forces, coopérer à une rénovation du système social et nous voulons vouer à cette œuvre immense, mais sublime, une bonne partie de notre vie.

Mais nous persistons à croire que dans une société d'hommes civilisés les questions, aussi les questions sociales, ne doivent et ne peuvent pas se décider par la force brutale des armes ou l'explosion aveugle des bombes, mais par ce travail assidu des esprits, par ces persuasions de la pensée et du sentiment qui sont les grandes forces motrices de l'évolution des idées et de l'évolution des institutions.

C'est cette conviction qui nous donne la force intime et le droit de nous opposer énergiquement contre toute « propagande par le fait », de combattre « le crime anarchiste » sans aucune hésitation et sans aucune crainte.

La solution du problème comment il faudra combattre les menées criminelles des anarchistes en est un qui, précisément au point de vue de la tendance nouvelle de la criminologie, de l'anthropologie et de la sociologie criminelle, me paraît assez simple en principe.

Devant ce problème, les adhérents de l'école classique devront, à ce qu'il me semble, se trouver quelquefois un peu gênés avec leurs formules traditionnelles d'un « crime à venger » et d'une « peine méritée ».

Nous autres, au contraire, nous avons toujours mis en avant trois thèses fondamentales de criminologie qui ne peuvent trouver ni justification plus claire, ni application plus immédiate que précisément vis-à-vis des attentats, des actes préparatoires et des incitations anarchiques.

En premier lieu, nous fondons le droit de punir et toute la pénalité sur la nécessité de la *défense sociale*. En second lieu, nous considérons avant tout le *criminel*, le caractère dangereux de l'homme; non pas l'acte en soi, tel, qu'en rapport avec les effets qu'il a causés, il répond aux formules et aux distinctions juridiques, mais l'acte comme expression des intentions criminelles, du caractère anti-social de son auteur. Et en troisième lieu, nous voulons pour le choix des moyens de prévention et de répression nous laisser guider par l'étude des *causes de la criminalité.*

Ces trois thèses sont des vérités fondamentales conquises et généralement admises dans le milieu des anthropologistes criminels. Nous n'avons pas à les défendre ou à les développer ici. Nous n'avons qu'à les appliquer.

Laissons là les anarchistes de la pure théorie. Nous n'avons affaire qu'aux hommes de la propagande par le fait, aux auteurs et aux fauteurs du crime anarchiste.

L'attitude des théoriciens vis-à-vis de ces méfaits n'est peut-être pas toujours égale ni toujours nettement dessinée. Mais ce qui est sûr, c'est que dans leur organe *la Révolte*, ils ont déclaré ne pas pouvoir se résoudre à prêcher l'action violente, pour la simple raison qu'eux-mêmes, ils ne voudraient pas en donner l'exemple. La « propagande par le fait » qu'ils aimeraient recommander consisterait en ceci :

« Profiter de toutes les circonstances de la vie pour mettre ses actes d'accord avec ses idées ; c'est là une propagande par le fait d'une action lente mais continue et qui aurait ses résultats. » M. Dubois, en citant ces phrases, rappelle que, par exemple, en harmonie avec cette idée, les filles de M. Elisée Reclus ont conclu des mariages libres.

Mais revenons aux propagandistes par le fait,

dans le sens généralement admis de cette expression, donc aux anarchistes criminels.

Cette grande fraction du parti ne forme pas, on le sait, des associations de malfaiteurs. Chez eux, il y a un manque principal et absolu de toute organisation. Les « camarades » ne s'unissent qu'en « groupe » libre, où l'on entre et d'où l'on sort à son gré. En principe et en fait tout dans ce parti est individuel. Le crime aussi. Ils agissent sans complot.

Tous les auteurs de crimes anarchistes ne se ressemblent pas en ce qui les porte à commettre leurs méfaits. Le portrait psychologique du type anarchiste que nous avons décrit plus haut donne une énumération très complète de leurs qualités d'intelligence et de sentiment. Mais on peut avoir toutes ces qualités et reculer cependant devant les excès criminels.

En harmonie avec les études de M. Lombroso nous distinguons trois catégories : les criminels vulgaires et égoïstes, pour qui l'anarchisme n'est que le manteau dont ils tâchent de couvrir leur nature et leurs intentions basses; les pathologiques ; les fanatiques chez lesquels un caractère pathologique n'est pas indiqué.

Il est évident qu'une théorie qui prêche le « fais ce que tu voudras » doit être acclamée par des criminels vulgaires qui trouvent l'occasion de s'enrôler dans l'armée anarchiste. M. Lom-

broso a constaté que chez plusieurs parmi les
anarchistes, les traits caractéristiques du criminel-né tant physiques que psychiques se retrou-
vent. Aussi l'expérience a démontré que même
parmi les héros de l'anarchisme, il y en a qui
comptent dans leur passé des crimes ordinaires.
des vols, des meurtres, etc. Le passé de Ravachol, par exemple, autorise à le classer dans
cette catégorie. Assurément on ne peut pas nier
que chez les individus de cette trempe aussi le
fanatisme anarchique joue un rôle, parmi les
mobiles qui les poussent vers leurs crimes; mais
c'est plutôt alors du côté de la haine contre les
« bourgeois » que du côté de la compassion pour
les « déshérités ». Très souvent aussi le mobile
anarchiste chez ceux-là n'est qu'un prétexte,
qu'un décor à l'extérieur.

Il est évident aussi que le fanatisme anarchiste en est un qui devra envahir aisément des
esprits qui dénotent un état pathologique, une
névrose ou même quelque maladie mentale. Tout
comme le crime politique, le crime social, par le
but idéal que ses auteurs se proposent, est bien
propre à séduire ces esprits malheureusement
sensibles et inflammables. L'histoire des régicides est là pour prouver le lien intime qui lie
un crime comme le leur à l'hystérie, à l'épilepsie
et à la folie même. Pour ce qui regarde les
derniers crimes anarchistes, je rappelle que Sal-

vador Santiago, un des anarchistes de Liceo de
Barcelone, avait une nature maladivement im-
pulsive; que le père de Caserio était un épilep-
tique et que plusieurs détails de la vie du fils
semblent indiquer l'influence de ce trait maladif
sur sa personnalité. Aussi M. Lombroso écrit-il
à la tête d'un de ses chapitres que, par la nature
même de la révolte et par les principes de l'anarchisme, il se comprend que parmi les anarchistes
plusieurs sont des criminels ou des fous et souvent l'un et l'autre. Cependant il faut convenir
que dans la plupart des cas, par le fait même
que les auteurs des actes anarchistes avant
l'attentat ont pu se mouvoir librement dans le
monde, il est prouvé que l'état pathologique de
leur esprit ne se reconnaît pas aisément, et que
c'est bien souvent un état vacillant, portant le
caractère incertain et subtil du domaine des
frontières de la folie.

Aussi la troisième catégorie certainement sera
toujours la plus nombreuse; celle qui embrasse
les délinquants passionnels chez qui, sous l'influence d'une nature déséquilibrée, de plusieurs
facteurs sociaux, tels que le manque d'un travail
régulier ou la misère, et de la littérature anarchiste, le fanatisme anarchiste est monté à une
telle hauteur que le crime anarchiste en est fina-
lement le résultat funeste.

*
* *

La question concernant les mesures préventives et répressives a deux côtés : l'indication
des crimes et l'indication des mesures pénales
ou de prévention.

Les législateurs de la France (1893 et 1894),
de l'Italie (1894), de la Fédération suisse (1893),
de l'Espagne (1894), ont voté des lois plus ou
moins exceptionnelles dans le but, exprimé plus
ou moins clairement, de combattre les menées
anarchistes. M. le professeur Garraud, de Lyon,
dans le supplément à son Traité de Droit pénal
français (1896) en donne un aperçu auquel je
crois pouvoir renvoyer mes lecteurs.

En général, ce sont trois espèces de crimes
qui méritent notre attention : l'attentat proprement dit, les actes préparatoires et l'incitation.

Il est inutile de développer le caractère délic-
tueux de l'attentat lui-même, le délit consommé
ou tenté de l'assassinat, du meurtre, de l'incendie, de la destruction, du pillage. Tous ces
crimes sont du ressort du droit commun.

La punition des actes préparatoires va plus
loin, mais, au point de vûe de la criminologie
moderne, elle me paraît absolument justifiée.
Les législateurs, en voulant placer parmi les
crimes des actes préparatoires, ont en vue la
fabrication, la détention, le transport ou l'usage

de matière explosibles en vue « d'attentats anarchistes » (la formule française), en vue « de
délits contre des personnes ou des propriétés » (la
formule suisse), en vue « de commettre des délits
contre les personnes ou les propriétés, de frapper
le public de terreur, de susciter des tulmutes ou
des désordres » (la formule italienne). Quelquefois
ces intentions criminelles pourront être clairement prouvées ; quelquefois il n'y a que la
connaissance de la destination de ces matières
dont on peut fournir les preuves ; quelquefois
même on ne pourra constater que ceci, que
l'auteur a dû présumer et par suite qu'il a présumé la destination criminelle. Mais sous quelle
forme que ce soit, il faudra toujours un acte pré-
paratoire d'attentat résultant de la destination
des matières et de la connaissance de cette destination chez l'auteur. Le caraetère d'une préparation un peu éloignée que plusieurs de ces actes
semblent porter n'exclut nullement la nécessité
de les punir. Car ce sont tous des actes précis
qui dénotent le caractère dangereux des auteurs.

L'incitation directe à des attentats anarchistes
ou à des délits contre les personnes et les
propriétés compte déjà maintenant parmi les
crimes dans les législations.

Deux nuances du crime d'incitation cependant
donnent lieu à des doutes et à des discussions.

C'est en premier lieu l'incitation secrète.

Plusieurs législateurs actuellement ne punissent que l'incitation secrète. Dans le système anarchiste, où tout est individuel, c'est justement l'incitation publique qui joue le plus grand rôle. Or, je ne vois pas de raison pour laisser cette forme de propagande impunie. Le danger n'est pas moins grand, puisque aussi les actes se commettent Individuellement. Ce qui sera toujours une chose très délicate, c'est la question de la preuve. Aussi le législateur français a-t-il cru devoir prescrire que sur le témoignage seul de la personne incitée une condamnation ne pourra pas être fondée. Les législateurs, qui dans leurs lois sur la procédure criminelle connaissent une théorie *légale* des preuves (comme la législation hollandaise) déjà par leur système général conduisent à la même conclusion *unus testis, nullus testis*. Mais quoi qu'il en soit de la nécessité d'une prescription spéciale à ce sujet, à mon avis la difficulté de la preuve ne pourra jamais être un argument pour déconseiller d'une manière absolue la punition de l'incitation secrète aussi. La suggestibilité de beaucoup d'individus à l'esprit simple ou à l'esprit déséquilibré les rend tout particulièrement très sensibles pour des théories et des propagandes comme celles de l'anarchisme ; et le danger des attentats auxquels ces incitations peuvent conduire est un danger qu'il faut éviter avant tout.

Une autre question se rapporte à l'incitation indirecte. En général il faudra avouer que l'incitation qui opère indirectement peut être tout aussi dangereuse que l'incitation directe et expresse. Mais la difficulté est là, qu'en classant parmi les délits de l'incitation indirecte on court peut-être le risque de menacer la liberté des opinions. L'état moderne certainement voudra et devra toujours éviter de créer des délits d'opinion. Mais là où il s'agit d'incitation à des actes criminels, on n'a pas devant soi un délit d'opinion. Cependant, pour éviter le danger de punir un délit d'opinion sous le masque d'un délit réel, je voudrais dans cette matière me rallier au système français qui parmi les formes possibles d'incitation indirecte en choisit une seule, la plus usitée, la plus efficace et la plus distincte : l'*apologie*.

Quant aux mesures préventives et répressives elles-mêmes, les observations suivantes suffiront dans ce rapport écrit. Elles pourront être plus amplement développées dans la discussion.

Le principe qui doit inspirer toutes les mesures, c'est la résolution inébranlable et inéquivoque de la société existante de se défendre dans son évolution paisible contre toute attaque et d'user de tous les moyens auxquels les ennemis la forceront d'avoir recours. Pas de lâcheté, pas de faiblesse, pas d'hésitation sur ce point. Ce n'est que devant une armée unie et résolue que l'ennemi recule.

Le manque d'organisation du parti anarchiste rend très nécessaire une vigilance infatigable de la police. Celle-ci devra tâcher de connaître les individus et les groupes chez lesquels le danger se cache. Et comme aussi M. Lombroso l'écrit, un échange international d'informations sur ces personnes et sur leur domicile est indispensable.

La répression vis à-vis de la catégorie des anarchistes qui au fond ne sont que des criminels vulgaires, n'a pas besoin de différer en quoi que ce soit de la répression du droit commun.

Pour ceux chez qui la médecine mentale peut constater un état d'esprit pathologique, les asiles, soit asiles ordinaires, soit asiles spéciaux, sont indiqués.

Mais on doute du système de répression à suivre vis-à-vis des passionnels qui commettent des crimes anarchiques rien que sous l'impulsion du fanatisme de leur doctrine, et chez qui un état psycho-pathologique distinct ne peut pas être constaté.

Deux questions ici méritent une attention spéciale : la question de la peine de mort et celle des peines privatives de liberté.

En général le système des législations, à mon avis, devra être celui-ci : de traiter, aussi pour ce qui concerne les mesures pénales, les crimes

anarchistes non pas comme des crimes exceptionnels, mais comme des crimes de droit commun. C'est le droit commun exigeant le respect
pour la vie, pour l'intégrité corporelle et pour
les propriétés, que les anarchistes violent. C'est
d'après le droit commun qu'ils devront être
traités. Si dans leurs cas il y a lieu pour l'admis-
sion de circonstances atténuantes, ou s'il y a des
raisons pour appliquer le droit de grâce, que
cela se fasse tout comme cela se ferait si les
mobiles n'avaient pas été des mobiles d'anarchisme. Mais lorsque la peine la plus grave —
dans les pays de la peine de mort la peine capitale — s'appliquerait pour assassinat ou tenta-
tive d'assassinat commun, les mobiles anarchistes en eux-mêmes certainement n'offrent pas
des faits d'excuse. Au contraire, le caractère
universellement dangereux des criminels ici est
hors de doute. Personne n'est à l'abri de leur
haine. L'anarchiste Vaillant le disait lui-même :
« On fera bien de me guillotiner, je recommen-
cerais dans huit jours. » (Lombroso.)

La sévérité des peines contre des crimes de
fanatisme pourra avoir deux effets différents et
l'effet spécial dépendra partout du caractère
spécial de l'individu. Il y aura des fanatiques
dont le fanatisme est arrêté dans son vol illusion-
niste par les exhortations et les menaces sévères
de la loi. Plus d'un reculera devant les excès

lorsque la crainte de perdre la tête lui-même le prend. Mais pour un autre la sévérité de la part de la société existante ne fera que stimuler sa haine et sa hardiesse ; ce qui l'attire justement c'est la couronne du martyre.

Il est impossible d'admettre sur ce point une règle générale. Ceux qui soutiennent que la mort des héros de l'anarchisme a étendu le culte des martyrs, a augmenté le courage de plusieurs adeptes et par là, a renforcé l'anarchisme, ont raison. Plus d'un second crime a été commis pour venger la mort de l'auteur d'un premier. Santyago a voulu venger Pallas. — D'un autre côté la main ferme avec laquelle l'autorité a soulevé le glaive de la justice aura été pour quelque chose dans la diminution remarquable des attentats dans les dernières années.

Mais ce qui est à craindre c'est que le groupe des martyrs sera fortifié lorsque les anarchistes se voient considérés et traités comme des malfaiteurs exceptionnels. Dites-leur et montrez-leur que leurs crimes ne sont que des crimes qui ont été punis dans tous les temps et partout sur la terre et que malgré l'apparence spéciale des crimes qui sont commis au nom de l'anarchisme, la société se sent protégée encore contre ces crimes-là par son droit commun.

Pour les Etats qui ont aboli la peine de mort, la question de la réintroduction de cette peine est plus difficile. Quant à ce point, je rappelle que les pays abolitionnistes, notamment la Hollande, ne sont parvenus à l'abolition que par la considération que l'état de la criminalité n'y exigeait pas nécessairement la peine de mort. Or il se pourra très bien que les anarchistes dans ces pays mêmes vont changer cet état de choses et que la réintroduction deviendra urgente. Si cela doit arriver quelque part, les anarchistes pourront se reprocher d'avoir fait reculer, dans ce pays, la marche de la civilisation.

Le principe que j'ai mis en avant, le principe du régime du droit commun, devra persuader les législateurs de ne menacer de la peine de mort que les auteurs des attentats contre les personnes.

Aussi, dans toutes les législations, ce système paraît être suivi. Malgré le caractère très dangereux des auteurs d'attentats contre les propriétés, des auteurs d'actes préparatoires, des auteurs des crimes d'incitation et d'apologie, contre ceux-là la dernière peine n'est pas comminée. On se contente des peines régulières privatives de liberté.

Or, tout en conservant ce principe, je fixe de nouveau ici l'attention sur le régime de la peine indéterminée. Au Congrès de Bruxelles, j'ai défendu ce système par rapport aux délinquants incorrigibles, aux grands récidivistes. Ici je vou-

drais faire la même chose par rapport aux délinquants anarchistes. Non pas contre eux seuls et
comme par exception, mais en général contre
tout délinquant dont l'acte par son mobile révèle
de la part de l'auteur un danger permanent pour
les personnes ou les propriétés. Le principe est
le même. Chez les récidivistes, le motif du système était le même que celui que je veux faire
valoir ici : le danger social à l'avenir. Le réci-
diviste donne la preuve de sa tendance dangereuse par la réitération des crimes; l'anarchiste
en donne la preuve par le fanatisme auquel il a
voulu obéir en commettant ses méfaits.

Puis   régime cellulaire dans le premier
temps et le régime d'un travail assidu et utile
dans la prison même fourniront peut-être quelquefois l'occasion de remplacer un fanatisme
criminel et dangereux par une énergie et un
altruisme équilibrés dont la société pourra
profiter.

Voici quelques idées générales que j'ai l'honneur de soumettre au Congrès et que j'espère
pouvoir développer dans la discussion. D'autres
membres plus compétents que moi voudront bien
se faire entendre dans ces discussions et apporter
la lumière de science et d'expérience qui me
manque. C'est ainsi que la matière importante
que nous traitons occupera au Congrès la place
qui lui est due.

Mais dans toute la discussion ne cessons jamais de nous rappeler ce que j'ai écrit plus haut et ce que je veux résumer en ces mots : si nous voulons défendre la société et avoir la conscience pure, ne cessons pas de vouer nos forces à la réforme, à l'évolution progressive de cette société même, afin qu'ainsi elle soit digne d'être défendue.

TABLE DES MATIÈRES

BIBLIOTHÈQUE NATIONALE
IMPRIMÉS

---

www.ingramcontent.com/pod-product-compliance
Lightning Source LLC
Chambersburg PA
CBHW072147270326
41931CB00010B/1922